키워드 한국사 ②

신라·가야·통일 신라·발해

키워드 2 한국사

김성환 지음 | 김옥재·김진화 그림

사계절

| 이 책을
펴내면서 |

이제 막 역사의 문턱에 들어선 친구들에게

역사란 무엇일까?

너희들은 친구를 처음 사귈 때 그 아이가 그동안 어디에서 살았으며 가족은 누구인지, 또 어떤 환경에서 자랐는지 궁금한 적이 있었을 거야. 역사란 바로 그런 거란다. 이미 흘러가 버린 과거에 무슨 일이 있었는지 궁금해하고 그것을 알아 가는 과정이 곧 역사라는 거야. 그렇게 과거에 대해 잘 알게 되면 다가올 앞날을 더욱 알차게 계획할 수 있게 되지.

그런데 바로 며칠 전 교실에서 일어난 일을 두고 반 친구들이 저마다 다르게 얘기한 때가 있을 거야. 만약 며칠 전이 아니라 한참 전에 일어났던 일이라면 더 말할 필요도 없겠지. 그것은 시간이 흘러 기억이 흐릿해질 수도 있고 또 그때의 상황을 저마다 다른 처지에서 바라보기 때문일 거야.

역사도 그렇단다. 역사에서 우리에게 남겨진 것은 항상 얼마 안 되는 기록과 흔적뿐이야. 게다가 기록을 남긴 사람의 관점에 따라 다르게 기록한 경우도 많지. 그 기록을 세심하게 뜯어 살펴서 언제 무슨 일이 어떻게 일어났는지를 정확하게 재구성하는 것이 역사란다. 그래서 역사를 공부할 때는 암기력이 아니라 세심한 관찰력과 논리적인 추리력이 필요한 거야.

이런 점에서 『키워드 한국사』에서는 과거에 일어난 특정한 사건을 놓고 그것이 왜 일어났는지, 그것이 일어날 수밖에 없는 어떤 사정이 있었는지, 그 사건에 숨어 있는 의미는 무엇인지를 논리와 추리를 최대한 동원해서 밝

혀 보려고 했단다. 역사를 공부할 때는 역사적 사실을 낱낱이 잘 아는 것보다 사건이 일어난 배경이라든가 사실들의 관계, 역사적 맥락을 이해하는 것이 더 중요하다고 생각하기 때문이야.

『키워드 한국사』는 권마다 30개 안팎의 키워드로 이루어져 있어. 해당 시대를 이해하는 데 꼭 필요한 역사 개념과 인물·사건·생활·문화 등 다양한 분야의 키워드가 골고루 포함되어 있단다. 말하자면 우리 역사를 알 수 있는 중요한 단서라고나 할까?

예를 들면 고구려·백제·신라 삼국 가운데 여왕이 있던 나라는 신라뿐이었어. 왕은 남자가 맡는 게 당연하다고 여기던 고대 국가 시기에 어떻게 여왕이 생겨났는지를 이해하려면 '골품 제도'라는 키워드가 필요해. 골품 제도는 신라의 독특한 신분 제도란다. 또 삼국 가운데 가장 발전이 늦었던 신라가 어떻게 삼국 통일을 이루게 됐는지 이해하려면 '삼국 통일', '김유신', '문무 대왕'과 같은 키워드를 살펴봐야 한단다.

이렇게 역사의 키워드, 곧 역사의 단서들을 엮어 나가다 보면 역사의 흐름이 자연스럽게 보일 거야. 그러니까 연도나 사건, 인물 등을 달달 외울 필요는 없단다. 이 책을 읽고 우리 역사에 호기심을 갖게 되거나 또 다른 궁금증이 꼬리에 꼬리를 물고 생겨나서 우리 역사를 더 알고 싶다는 마음이 생긴다면, 그게 바로 진짜 역사 공부가 되는 거야.

이 책에 나오는 키워드를 바탕으로 너희들 스스로 새로운 역사 키워드를 더 많이 찾아내 주길 바란다.

『키워드 한국사』 글쓴이들

차 례

1 신라

키워드 01 **박혁거세·석탈해·김알지** 신라의 시조가 셋인 이유 12

키워드 02 **경주** 구석 동네라고 얕보지 마라 18

키워드 03 **황금의 나라** 금관과 함께 빛난 신라의 성장 22

키워드 04 **이차돈** 목숨을 던져 불교를 세우다 30

키워드 05 **진흥왕** 영토를 넓히고 순수비를 세우다 36

키워드 06 **화랑도** 신라는 화랑도가 지킨다 42

키워드 07 **골품 제도** 뼈에도 등급이 있다고? 46

키워드 ✚ **첨성대** 하늘의 뜻을 살핀 신성한 건물 52

키워드 08 **삼국 통일** 신라는 어떻게 마지막 승자가 되었을까 54

키워드 09 **김유신** 삼국 통일을 이룬 일등 공신 60

2 가야

키워드 10 **김수로왕** 김수로왕, 가야를 세우다 66

키워드 11 **금관가야** 국제 무역국으로 성장한 금관가야 70

키워드 12 **대가야** 가야가 고대 국가로 성장하지 못한 이유 76

키워드 13 **가야 문화** 가야의 자존심 드높인 독특한 문화 80

키워드 14 **임나일본부** 일본이 가야를 지배했다고? 88

키워드 ✚ **사국 시대** 삼국 시대인가, 사국 시대인가 92

3 통일 신라

키워드 15 **문무 대왕** 죽어서도 나라를 지키련다 96

키워드 16 **안압지** 이보다 더 좋을 순 없다 100

키워드 17 **신문왕** 삼국 통일 이후 무엇이 바뀌었나 106

키워드 18 **원효 대사** 진리는 너와 나의 마음속에 있다 110

키워드 19 **이두** 우리말을 살린 설총 114

키워드 ✛ **향가** 신라 사람들의 노래 118

키워드 20 **왕오천축국전** 인도 여행기를 쓴 혜초 120

키워드 21 **불국사** 정상에 선 신라 문화, 내리막길이 보이다 124

키워드 ✛ **석굴암** 세계에 단 하나뿐인 인공 석굴 130

키워드 22 **김헌창의 난** 김헌창이 신라를 휘청거리게 하다 132

키워드 23 **장보고** 평민 출신으로 해상왕이 되다 136

키워드 24 **최치원** 천재 최치원도 신라를 살릴 수 없었다 142

키워드 25 **원종과 애노의 난** 못 살겠다, 갈아 보자! 146

키워드 26 **마의 태자** 신라의 멸망, 그리고 그 후 150

4 발해

키워드 27 **대조영** 발해는 어떻게 세워졌나 156

키워드 28 **무왕** 성격이 판이한 두 형제, 무왕과 대문예 162

키워드 29 **해동성국** 동아시아의 강대국으로 우뚝 선 발해 166

키워드 30 **상경 용천부** 해동성국의 도읍, 상경 용천부 172

키워드 31 **발해 5도** 세계로 뻗어 나간 발해의 고속도로 176

키워드 32 **야율아보기** 발해의 멸망 182

키워드 ✚ **남북국 시대** 통일 신라 시대에서 남북국 시대로 186

연표 188

찾아보기 190

사진·그림 제공 및 출처 194

1 신라

너희들은 혹시 "나중 난 뿔이 우뚝하다."는 말을 들어 본 적 있니? 나중에 생긴 것이 먼저 것보다 훨씬 나을 때 쓰는 우리 속담인데, 신라가 바로 그랬단다. 신라는 삼국 중에서 가장 발달이 늦었어. 한반도 동남쪽에 치우쳐 있어서 다른 나라와 교역하기가 쉽지 않았고, 그만큼 발달한 문물을 받아들이는 것이 늦었기 때문이지. 그런 신라가 어떻게 고구려와 백제를 꺾고 마지막 승자가 되어 삼국 통일까지 이룰 수 있었을까? 아홉 개의 열쇠로 그 비밀을 풀어 보자.

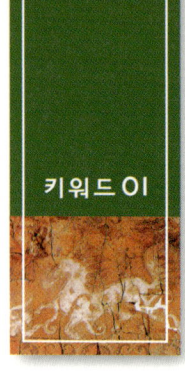

키워드 01

박혁거세 · 석탈해 · 김알지

신라의 시조가 셋인 이유

고구려나 백제와 마찬가지로 신라에도 건국 신화가 있어. 그런데 다른 나라들과는 달리 신화의 주인공이 셋이나 된단다. 박혁거세, 석탈해, 김알지가 그들이지. 신화의 주인공들인 만큼 그들이 태어난 이야기는 아주 신비롭단다. 하지만 신화는 단순히 꾸며 낸 이야기가 아니고 당시 실제로 일어난 역사 이야기를 담고 있어. 그러면 신라의 건국 신화에는 과연 어떤 사실이 담겨 있을까?

【 알에서 태어난 박혁거세 】

가장 먼저 등장한 신화의 주인공은 박혁거세야. 박혁거세가 등장하기 전에 한반도의 남동쪽 경상도 지방에는 12개의 작은 나라가 있었어. 그 나라들을 아울러 진한이라고 했단다. 그 가운데는 고조선이 멸망한 뒤 옮겨 온 사람들이 만든 나라도 있었지. 그중 가장 큰 나라는 경주에 자리 잡은 사로국이었는데, 사로국은 여섯 부족이 힘을 합쳐 만든 나라였어.

하루는 사로국의 여섯 부족 촌장들이 모여서 회의를 했어. 한 촌장이 나서서 의견을 냈지.

"우리에게 왕이 없으니 여섯 마을이 제멋대로이고 질서가 없어요. 여섯 마을을 하나로 묶어 다스릴 왕을 뽑읍시다."

촌장들이 왕을 뽑기로 하고 높은 곳에 올라가 남쪽을 바라보니, 양산 마을의 나정이라는 우물에 번갯불 같은 이상한 기운이 서려 있는 거야. 사람들이 몰려갔더니 하얀 말이 엎드려 있고 그 앞에 자줏빛 알이 놓여 있었어. 말은 '흐흐흥!' 하고 길게 울고는 하늘로 날아가 버렸어.

경주 나정 터 박혁거세가 나온 알이 있었다고 전해지는 우물 터인데, 지금은 발굴을 끝내고 복원을 준비하고 있다.

　사람들이 이상하게 여겨 알을 깨뜨려 보았더니, 그 안에 귀엽게 생긴 사내아이가 들어 있지 뭐야. 그런데 아이를 목욕시키자 몸에서 빛이 나고 온갖 새와 짐승들이 찾아와 춤을 추었어. 해와 달은 더욱 밝아지고 말이야. 사람들은 이 아이가 장차 나라를 다스릴 왕이 될 거라고 생각했어. 그래서 아이가 박처럼 생긴 알에서 나왔으므로 성을 '박'이라 하고, 이름은 세상을 밝게 다스린다는 뜻으로 '혁거세'라고 했단다. 박혁거세는 무럭무럭 자라 열세 살이 되던 해에 마침내 여섯 부족을 하나로 묶어 신라를 세웠어. 이때가 기원전 57년이라고 해.

【 바다 건너에서 온 석탈해 】

　박혁거세가 신라를 세우고 한참 지난 2대 남해왕 때, 경주에서 가까운 바닷가 마을에 어떤 할머니가 살고 있었어. 어느 날 할머니가 바다 쪽을 보니 난

데없이 까치 떼가 울어 대는 거야. 이상하게 여긴 할머니가 다가가 보니 바닷가에 배 한 척이 있었어.

배에는 아주 커다란 궤짝 하나가 실려 있었어. 할머니는 두려운 마음에 하늘에 기도를 드린 뒤 궤짝을 열어 보았지. 그랬더니 궤짝 안에 단정하게 생긴 사내아이가 들어 있는 거야. 궤짝 안에는 온갖 보물과 몸종들도 들어 있었고.

할머니가 아이에게 먹을 것을 주고 잘 보살핀 뒤 어찌된 일인지 물어봤어. 아이는 자기가 바다 건너 멀리 있는 나라의 왕자라고 했어. 아버지가 아들이 없어 걱정하다가 다른 나라 공주를 맞아들여 혼인을 하였는데 알을 낳았다는 거야. 사람들은 이를 좋지 않은 징조라 여겨 알을 바다에 떠내려 보내기로 했대.

석탈해왕 탄강 비각 석탈해가 태어난 곳으로 전해지는 경주시 양남면 나아리에 세운 비각이다.

하지만 아버지는 아무리 알이라 해도 자식을 버리자니 마음이 아파 보물과 몸종들을 함께 싣고는, "아무 데나 인연이 닿는 곳에 이르거든 집안을 이루고 나라를 세우거라." 하고 빌었대. 떠돌던 배에서 알을 깨고 아이가 태어났고, 그 아이가 배를 타고 닿은 곳이 바로 신라였던 거야.

아이의 성은 '석'씨, 이름은 '탈해'라고 했어. 남해왕은 석탈해가 총명한 것을 알아보고는 사위로 삼았지. 석탈해는 늘 학문을 깊이 닦는 데다 지혜롭고 총명해서 사람들이 많이 따랐어. 그래서 3대 유리왕이 죽은 뒤 서기 57년에 신라의 네 번째 왕이 되었단다.

【금 궤짝에서 태어난 김알지】

석탈해가 왕이 되고 나서 얼마 지난 뒤, 경주 서쪽의 계림이라는 숲 한가운데에 커다란 빛이 비쳤어. 사람들이 가 보니 하늘에 자줏빛 구름이 드리우고 한 나뭇가지에 황금빛 궤짝이 걸려 있지 뭐야. 빛은 그 궤짝에서 내비치는 것이었어. 그리고 그 나무 밑에서는 하얀 닭이 울고 있었지.

보고를 받은 탈해왕은 직접 그곳으로 가서 궤짝을 열어 보았어. 그랬더니 궤짝 안에 사내아이가 누워 있는 거야. 왕이 아이를 수레에 싣고 돌아오는데 새와 짐승들이 뒤따르며 즐거워했어. 이러한 광경이 박혁거세가 탄생하던 때와 비슷해 탈해왕은 이 아기가 보통 아이가 아니라는 것을 알아챘지.

아이의 성은 금빛 궤짝에서 나왔다 해서 '금'과 같은 한자인 '김'씨로, 이름은 아이라는 뜻의 신라 말 '알지'로 했어. 김알지가 훌륭하게 자라자 탈해왕은 그를 태자로 삼고 다음 왕위를 물려주려고 했어. 김알지는 겸손하여 왕위를 사양하고 다른 왕족에게 양보했지. 하지만 그가 이룬 김씨 가문은 훌륭한 인재를 많이 길러 냈어. 그리하여 서기 262년 김알지의 7대 손자 미추가 신라의 열세 번째 왕에 오르게 된단다.

계림 닭 우는 소리가 들려서 가 보았더니 김알지가 담긴 금빛 궤짝이 있었다고 해서 이 숲을 계림이라고 이름 붙였다.

【 토박이 세력이 강했던 신라 】

이처럼 신라는 고구려나 백제와 달리 건국 시조가 셋이나 된다는 점이 특이한데, 거기에는 그럴 만한 이유가 있어.

먼저 박혁거세 신화를 보면, 박혁거세가 원래부터 사로국에 살던 토박이가 아니라는 것을 알 수 있어. 그는 고구려를 세운 주몽이나 백제를 세운 온조와 마찬가지로 바깥에서 발달한 문물을 가지고 이주해 온 세력이었어. 하지만 박혁거세는 열세 살이라는 어린 나이에 여섯 촌장의 추대를 받아 왕이 된 점이 달라. 곧 주몽이나 온조보다 힘이 약했다는 것을 알 수 있어.

석탈해 또한 외부에서 이주해 온 인물이야. 바다 건너 먼 곳이 어디인지는 확실하게 알 수 없어. 그런데 이미 박혁거세라는 왕이 나라를 세운 뒤에 이주해 온 석탈해가 어떻게 박씨 왕족을 제치고 왕이 될 수 있었을까? 그것은 아마도 박씨 왕족의 힘이 약했기 때문일 거야.

김알지 이야기는 박혁거세 이야기와 비슷해. 이것은 박혁거세와 석탈해라는 두 시조가 나라를 이끌긴 했지만, 그때까지만 해도 그들의 지도력이 강하지 못했다는 것을 말해 줘. 그래서 새로 이주해 온 김씨 세력이 세력을 키우고, 자기들의 시조를 박혁거세에 버금가는 인물로 신비롭게 꾸몄던 거지.

이렇게 신라는 원래 터를 잡고 있던 여섯 부족의 힘이 강했기 때문에 바깥에서 이주해 온 세력이 토박이 세력을 완전히 제압하지는 못했어. 그래서 토박이 세력의 지지를 받아야 왕이 될 수 있었지. 그 결과 왕위는 때에 따라 박씨, 석씨, 김씨가 번갈아 맡게 되었어.

왕의 힘이 약할 때는 왕을 가리키는 말도 달랐어. 신라의 시조 박혁거세는 거서간, 2대 남해왕은 차차웅이라 불렀고, 3대 유리왕부터는 줄곧 이사금이라고 불렀어. 이사금은 '이가 많은 사람', 곧 '나이가 많은 사람'을 가리키는 말이야. 당시 왕은 단지 여러 지도자 가운데 나이가 가장 많은 어른 정도였다는 것을 알 수 있지.

17대 내물왕 때부터는 이사금을 마립간으로 바꿔 부르기 시작했어. 마립간은 '우두머리'라는 뜻으로, 이사금보다 더 높여 부르는 말이었지. 이때부터 왕의 자리는 김씨가 도맡았는데, 왕의 힘이 이전보다 커지자 이름도 다르게 했던 거야.

신라가 다른 나라처럼 왕이라는 호칭을 쓰기 시작한 것은 6세기 초인 22대 지증왕 때였어. 이렇게 신라는 왕이 토박이 세력을 누르고 강력한 왕권을 세우기까지 500년이나 걸렸단다.

키워드 02 　경주

구석 동네라고 얕보지 마라

고대 국가의 도읍지는 대부분 강을 끼고 세워졌어. 강을 통해 주변과 교류하고 교역을 하기 위해서였지. 또 지리적으로도 주변과 잘 통할 수 있는 곳을 선택했어. 그런데 신라의 도읍 금성(오늘날의 경주)은 큰 강을 끼고 있지도 않고, 지리적으로는 한반도 남동쪽에 치우쳐 있어서 교통의 중심지로 보이지도 않아. 그런데도 신라 사람들이 경주에 도읍을 정한 이유는 무엇일까?

【 경주의 지리적 위치 】

경주의 지리적인 위치는 고구려나 백제의 도읍과 사뭇 달랐어. 무엇보다도 사방이 산으로 둘러싸여서 바깥세상과 통하기가 어려웠지.

북쪽으로는 한반도의 등줄기인 태백산맥이 뻗어 내려오다가 경주에 이르러 서쪽으로 비껴나면서 서남쪽으로 꼬리를 흘린 형세를 이루었어. 이 태백산맥 끝 줄기는 자연스럽게 신라에 이웃한 고구려나 백제의 침략을 막아 주는 방어벽 구실을 해 주었지. 하지만 다른 한편으로는 발전한 바깥 문화가 경주에 전해지는 속도를 늦추게 하기도 했어.

한편 동쪽으로는 높지는 않지만 토함산이 솟아 있고, 남쪽 또한 나지막한 금오산이 막아섰어. 이것은 나중에 바다를 건너온 일본이나 낙동강 유역 가야의 침략을 막아 주는 역할을 했지. 말하자면 경주는 화분처럼 생긴 분지 지형을 이루고 있단다.

경주 분지 한가운데로는 형산강과 그 지류들이 흐르고 있어. 형산강은 밖으로 통할 수 있는 큰 물길은 아니지만, 경주 부근의 작은 마을들 사이로 사

경주시 전경 경주는 태백산 끝자락에 작은 산들로 둘러싸인 분지이다. 경주 시내 곳곳에는 금관총, 천마총, 황남대총 등 신라의 옛 무덤이 많이 남아 있다.

람과 물자가 오가기에는 안성맞춤이었지. 뿐만 아니라 강 주변으로 펼쳐진 넓은 들판에서는 밭농사와 논농사가 모두 잘되었어.

이렇게 보면 경주는 이웃의 고구려·백제 같은 큰 나라나 중국·일본처럼 멀리 떨어진 나라들과 교역을 하기에는 지리적으로 썩 유리한 점이 없었어. 그렇지만 외적의 침입을 막기에는 편했지. 신라는 이러한 조건에서 풍부한 곡식을 바탕으로 주변 지역을 아우르며 이끄는 국가로 성장할 수 있었단다.

【 바깥세상에 눈을 뜨다 】

경주로 도읍을 정한 신라는 지리적인 조건 때문에 바깥세상과 교류할 기회가 많지 않았어. 그만큼 나라의 발전 속도도 느렸지. 그 무렵 고구려나 백

[2~3세기 신라의 영토 확장]

제는 한나라가 세운 낙랑군을 통해서, 다른 한편으로는 바닷길을 건너 중국과 직접 교류하면서 중국의 선진 문물을 받아들이는 데 열심이었어. 신라도 점점 나라가 커지면서 밖으로 뻗어 나가려는 욕구가 생기기 시작했어. 경주 분지에서 바깥으로 통하기 쉬운 길은 형산강을 따라서 북동쪽으로 나아가 포항에 이르는 통로였지. 신라는 먼저 이곳으로 나아가 작은 나라 음즙벌국을 차지했어. 또 포항에서 동해안을 따라 북으로 올라가면서 실직곡국 등 작은 나라들을 점령했지. 하지만 동해안의 좁은 해안을 차지하는 것으로는 양에 차지 않았어.

신라가 넓은 세상으로 나아가려면 서쪽 길을 뚫어야만 했어. 그래서 서쪽에 있는 낮은 고개를 넘어 남쪽 경산 방향으로 나아가 압독국과 비지국을 점령했고, 북쪽 영천 방향으로 나아가 골벌국을 점령했지. 이어 대구를 지나 서북쪽으로 더 나아가 감문국과 사량벌국을 정벌했어.

여기까지 나가자 소백산맥이 앞을 가로막았어. 소백산맥 너머는 백제 땅이었지. 드디어 189년에서 214년 사이에 신라는 소백산맥을 넘어 백제와 정면으로 충돌했어. 하지만 신라는 아직 백제를 이길 수 없었어. 그래서 일단 소백산맥을 경계로 백제와 맞서는 형세가 되었단다.

【나중 난 뿔이 우뚝하다】

한편 신라는 남쪽으로 내려가 낙동강 하류를 건넜어. 그곳에는 가야가 성장하고 있었지. 신라는 가야와 격돌했지만 크게 지고 말았어. 주변의 작은 부족 집단은 쉽게 정복할 수 있었지만 백제나 가야 같은 강한 나라들을 물리치기에는 힘이 부족했거든.

그렇지만 신라는 뜻을 꺾지 않았어. 처음에는 비록 힘이 모자라 뜻을 이루지 못했지만, 꾸준히 힘을 길러 가야와 백제에 맞설 날을 기다렸어.

말 탄 무사 모양 토기 신라의 옛 무덤인 금령총에서 나온 유물(국보 91호)이다. 말 엉덩이 쪽 주둥이로 물이나 술을 넣고 말 앞가슴 쪽에 튀어나온 꼭지로 따르게 되어 있다. 말을 타고 여러 나라를 정복해 나간 신라 무사들의 모습을 엿볼 수 있다.

외진 곳에서 일어난 신라는 처음에는 모든 면에서 주변 나라들에 뒤졌어. 하지만 차츰 바깥세상의 발달한 문물을 받아들이면서 빠른 속도로 성장해 갔어. 그 결과 나중에 신라는 한반도에서 가장 강한 나라가 될 수 있었단다.

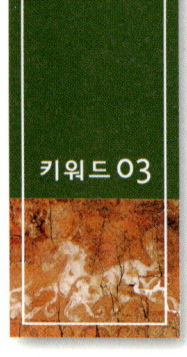

키워드 03 　황금의 나라

금관과 함께 빛난 신라의 성장

신라는 '황금의 나라'라고 부르기도 해. 신라 시대 무덤에서 금관을 비롯해 금 귀걸이, 금 허리띠 따위가 엄청나게 많이 발굴되었기 때문이야. 아마 신라의 왕이나 지배층은 살아 있을 때도 온몸을 금장식으로 치장했을 거야. 이웃한 고구려나 백제에서는 금관이 발굴된 적이 없어. 다른 황금 유물도 그렇게 많이 발굴되지 않았지. 그럼 왜 유독 신라의 왕족과 귀족들은 황금으로 몸을 치장했을까?

【 삼국 사이에 얽힌 관계 】

신라는 나라를 세운 뒤로 주변의 작은 나라들을 점령하며 영토를 넓혀 갔어. 3세기 무렵이 되자 이제 신라는 앞서 있던 고구려나 백제를 따라잡을 만큼 성장했단다. 하지만 아직 두 나라를 직접 상대하기는 버거웠지.

이렇게 세월이 흘러 418년 무렵, 신라를 다스리던 눌지왕은 깊은 시름에 잠겼어. 동생 복호가 오랫동안 고구려에 볼모로 잡혀가 있었기 때문이야. 동생이 볼모로 잡혀 있으니 고구려가 시키는 대로 할 수밖에 없었지. 그런데 눌지왕은 왜 고구려에 동생을 보내야 했을까?

복호가 고구려에 간 것은 눌지왕의 아버지 내물왕 때였어. 당시 고구려에서는 광개토 대왕이 막강한 군대를 일으켜 주변 나라들을 무자비하게 정복하고 있었어. 백제와 신라도 그 대상이었지. 396년에는 백제의 도읍으로 쳐들어가 백제 아신왕의 항복을 받아 내기까지 했어.

신라는 그런 상황을 보면서 고구려가 쳐들어올까 봐 두려움에 떨었지. 그래서 한때는 백제와 손잡고 힘을 합쳐 고구려에 맞서기도 했어. 그런데 백제는 그리 믿을 만한 상대가 아니었어.

당시 신라 동해안에는 바다 건너에서 왜(오늘날의 일본)가 자주 쳐들어와 골머리를 앓고 있었어. 그런데 고구려의 압박을 받고 있던 백제는 고구려에 맞서기 위해 가야와 왜를 자기편으로 끌어들였어. 그러자 신라는 지금 손잡고 있는 백제가 언제 배반할지 모른다고 의심하기 시작했지.

그러다가 결국 400년에 일이 터지고 말았어. 백제가 가야·왜와 삼국 연합군을 형성해서 물밀듯이 도읍 금성(경주)으로 쳐들어온 거야. 신라는 바람 앞의 등불 같은 처지가 되어서 누군가의 도움을 받아야 했지. 깊은 생각에 잠겨 있던 내물왕은 마침내 결단을 내렸어. 고구려에 살려 달라고 요청하기로 말이야.

신라의 사신을 맞이한 고구려의 광개토 대왕은 속으로 생각했어. 신라를 도와주고 내친김에 신라를 아예 속국으로 만들어 버려야겠다고. 광개토 대왕은 5만의 병력을 신라에 파견해 삼국 연합군을 물리치게 했지. 그리고 병사들로 하여금 신라에 계속 머물게 하여 신라에 대한 점령군 행세를 하게 했어. 광개토 대왕은 여기에 그치지 않고 신라를 확실하게 무릎 꿇리기 위해 왕자를 볼모로 보내라고 했어. 그래서 복호 왕자가 눈물을 머금고 고구려행 길에 올랐던 거야.

네 귀 달린 청동 항아리 경주시 금관총에서 나온 것으로, 원래 이런 모양의 항아리는 고구려 토기의 특징이다. 신라 무덤에서 고구려의 청동 항아리가 출토된 것은 고구려와 신라가 활발하게 교류했음을 보여 주는 좋은 예이다.

【 복호 왕자 구출 작전 】

그때부터 15년쯤 세월이 흐르는 동안 신라는 나날이 힘을 키워 갔어. 417년 왕위에 오른 눌지왕은 더 이상 신라가 고구려의 속국으로 살아갈 수는 없다고 생각했지. 하지만 나라에는 고구려 군대가 주둔해 있고 동생은 고구려에 볼모로 잡혀가 있어서 어찌할 도리가 없었어. 눌지왕이 시름에 잠겨 있던 것은 이런 이유 때문이었지.

이때 박제상이라는 신하가 왕에게 아뢰었어.

"제가 몰래 고구려로 숨어 들어가 복호 왕자님을 꼭 구출해 오겠습니다."

박제상은 이미 믿음직한 신하로 이름이 나 있었으므로 눌지왕은 그에게 임무를 맡겼지.

고구려로 숨어 들어간 박제상은 복호 왕자를 만나 탈출 작전을 세웠어. 드디어 약속한 날짜에 복호는 감시하는 자들을 따돌리고 탈출했어. 뒤늦게 고구려 병사들이 쫓아오면서 화살을 쏘아 댔는데, 복호는 몸에 화살을 맞고도 끄떡없었어. 복호 왕자의 어진 인품에 감명한 고구려 병사들이 안전하게 탈출하라고 일부러 화살촉을 없앤 화살을 쏘았던 거야.

결국 복호 왕자는 탈출에 성공해 신라로 돌아왔고, 눌지왕과 그 뒤의 왕들은 점차 힘을 키워 고구려 병사들을 신라 땅에서 몰아내는 데 성공했어. 이렇게 해서 5세기 중반 무렵, 신라는 고구려의 속국에서 벗어나 완전한 독립국이 되었지.

그 뒤 신라는 가야 지역으로 쳐들어가 영토를 넓혀 나갔어. 신라의 힘이 강해지자 왜도 더 이상 쳐들어올 생각을 못 하게 되었지. 나라의 힘이 커진 신라는 중국으로 사신을 보내 외교 활동도 적극적으로 펼쳐 나갔어.

【김씨 왕족의 황금 문화】

신라가 이렇게 위기를 극복하고 강대국으로 올라설 수 있었던 데에는 그만한 이유가 있었어. 그동안 신라의 왕족은 박혁거세와 석탈해의 자손들이 이어 왔어. 맨 나중에 이주해 온 김알지의 후손들은 가장 발달한 문명을 가지고 왔지만 왕족이 될 기회를 얻지 못하고 있었지.

그러던 중 드디어 김씨 가문의 내물왕이 왕위에 올랐고, 그 뒤 신라 왕족은 계속 김씨가 이어 갔단다. 말하자면 김씨 세력이 나라를 훌륭하게 다스려 강대국으로 키운 거야.

김씨의 시조 김알지는 금 궤짝에서 태어났다는 신화를 가지고 있어. 그래서 김씨가 왕족이 되면서, 또 나라가 한반도의 강대국으로 발돋움하면서 황금으로 몸을 치장하기 시작한 거야. 다른 어느 나라도 부럽지 않은 신라만의 자랑스러운 황금 문화를 꽃피운 것이지.

나뭇가지와 새 모양 장식
황금 인간이 쓴 투구 옆면에 달려 있는 장식이다. 신라 금관의 특징을 보여 주는 나뭇가지 모양, 새 모양 장식과 견주어 볼 수 있다.

황금 인간 카자흐스탄의 이식쿨 호수 근처 옛 무덤에서 발굴되었다. 기원전 5~4세기에 스키타이 족이 남긴 것으로 추정되는데, 시신이 머리부터 발끝까지 금박으로 장식한 옷을 입고 있어 '황금 인간'이라는 이름이 붙었다. 황금으로 온몸을 치장한 신라 사람과 비슷한 점이 많다.

황금의 나라 신라

신라는 삼국 가운데 유독 황금으로 장식된 유물을 많이 남겼다. 이는 시조 가운데 하나인 김알지의 성씨인 '김(金)'이 한자로 '금'을 뜻하는 것과도 관련이 있는 것으로 보인다. 신라의 황금 문화는 중앙아시아 유목 민족인 스키타이 계통의 황금 유물과 비슷한 점을 보이기도 한다.

금관 신라의 무덤 가운데 가장 큰 황남대총의 북쪽 무덤에서 출토되었다. 지금까지 출토된 '출(出)' 자 모양 금관 중에서 가장 오래된 것이다. 국보 191호.

금모자 크기가 작은 것으로 보아 헝겊이나 가죽 등으로 된 모자 위에 부착하여 장식용으로 썼던 것으로 추정된다. 국보 189호.

금팔찌 넓은 금판의 아래위 끝을 돌려 말아서 마무리하고 청록색 등의 구슬을 박아 만든 팔찌로, 우리나라에서는 보기 드문 형태이다. 보물 623호.

금드리개 얼핏 보면 귀걸이 같지만, 금관의 왼쪽과 오른쪽에 매달아 드리우는 장신구이다. 보물 633호.

금귀걸이 경주시 보문동에 있는 부부총의 여자 무덤에서 출토되었다. 신라의 옛 무덤에서 발굴된 귀걸이 중에서 가장 정교하고 화려해 신라의 뛰어난 금세공 기술을 보여 준다. 국보 90호.

【 금관은 실제로 사용했을까 】

신라의 황금 장식을 가장 잘 보여 주는 것이 왕의 무덤에서 발굴된 황금 왕관이야. 지금까지 발견된 신라의 금관은 여섯 개란다. 경주에 있는 고분들을 모두 발굴해 보면 아마 더 많은 금관이 나올 거야.

그런데 고구려나 백제와 달리 신라에서만 금관을 만든 것이 신기하지? 그것은 당시 신라의 왕족인 김씨 세력이 자신들의 고향인 북쪽 기마 민족의 땅에서 가져온 풍습이기 때문일 거야. 실제로 멀리 중앙아시아의 흑해 북쪽 지역에서 발견된 사르마트 왕관이 신라 금관과 비슷하단다.

금관은 테두리 위에 나뭇가지나 사슴뿔을 흉내 낸 것 같은 장식을 하고 있어. 초원을 달리며 사슴을 사냥하던 북방 유목 민족들이 즐겨 쓰던 장식들이지.

신라의 금관(왼쪽)과 사르마트 족의 금관(오른쪽)
사르마트 족은 기원전 5~4세기에 중앙아시아에서 활약한 기마 민족이다. 이들이 남긴 금관 유물은 나뭇가지 모양과 사슴뿔 모양 등으로 장식되어 있어 신라 금관과 비슷한 점을 보인다.

황남대총 북쪽 무덤 내부 모습 금관이 출토될 당시의 모습으로, 금관이 허리띠와 그리 멀리 떨어져 있지 않은 것으로 보아 머리 위에 씌워지지 않고 얼굴을 덮었던 것으로 추측된다.

그런데 이 금관은 왕이 살아 있을 때 썼던 걸까? 아마도 그렇지 않은 것 같아. 금관은 금을 얇게 펴고 가늘게 잘라서 세밀하게 장식했어. 그만큼 아주 약하게 만들어졌지. 이런 걸 실제로 쓰면 금방 망가질 거야. 무게도 1킬로그램이나 돼 머리에 쓰고 활동하기에는 무거워. 또 무덤에서 발굴될 때도 머리에 얹혀 있지 않고 얼굴 전체를 덮어서 왕관 끝이 어깨까지 내려와 있었어. 그래서 왕족이 죽은 뒤 저세상에 가서도 부귀 영화를 누리라고 관 속에 넣어 준 장례용품일 것으로 생각하고 있단다.

키워드 04 이차돈

목숨을 던져 불교를 세우다

여러 부족 사회가 느슨하게 묶인 것을 연맹 왕국이라고 해. 연맹 왕국에서 강력한 왕이 나타나 여러 부족 사회를 하나로 통합하면 비로소 고대 국가를 이루게 되지. 흩어진 부족 사회를 하나로 묶는 끈에는 두 가지가 있었어. 바로 율령과 불교야. 신라에서 이 두 가지를 이룬 왕은 법흥왕이었어. 그런데 법흥왕이 고대 국가를 이루는 데 목숨을 던져 도운 사람이 있었으니, 바로 이차돈이라는 신하란다.

【 율령을 반포해 나라의 기틀을 세우다 】

법흥왕이 왕위에 오른 때는 514년이야. 이에 앞서 신라는 김씨 세력이 왕권을 잡은 뒤 강대국 고구려의 속박에서 벗어나 나라의 힘을 키워 왔단다.

특히 법흥왕의 아버지인 지증왕은 커진 국력에 자신감을 얻어 나라 이름을 그동안의 사로국에서 신라로 바꾸었어. 지증왕은 나라 이름만 바꾼 것이 아니라 전국을 주·군·현 단위로 하는 지방 제도를 만들었어. 이는 오늘날의 도·군·면과 같은 것인데, 그동안 지방의 토박이 세력이 자기 지방을 다스리던 전통을 없애고 왕이 직접 전국을 다스리겠다는 뜻을 나타낸 것이었지.

지증왕은 이사부 장군을 시켜 바다 멀리 떨어진 우산국(오늘날의 울릉도)을 점령하여 영토로 삼기도 했어. 그리고 소를 이용한 농사짓기를 실시해서 농업 또한 크게 발전시켰지. 그러니까 지증왕에 이어 법흥왕이 왕위에 올랐을 때 신라는 벌써 고대 국가로 발돋움할 만반의 준비를 갖추고 있었던 셈이야. 법흥왕도 자기 앞에 놓인 숙제를 잘 알고 있었어.

법흥왕은 먼저 율령을 만들어야 한다고 생각했어. 아버지 지증왕이 지방 제도를 만들어 놓긴 했지만 아직도 각 지방 세력은 무시하지 못할 힘을 갖고 있었거든. 지방 세력의 힘을 완전히 제압하는 가장 좋은 방법은 율령을 만들어 반포하는 것이었어. 전국의 백성들이 왕이 만든 법률에 따라 생활하게 되면 지방 세력의 힘은 자연스레 사그라질 테니까.

지방 세력들은 법흥왕의 이런 개혁 정책에 저항할 태세였어. 자기 지역에 대한 지배권을 빼앗기고 싶지 않았던 거야. 이러한 낌새를 알아차린 법흥왕은 먼저 병부(오늘날의 국방부)를 만들어 군대를 키웠어. 지방 세력들의 반발을 힘으로 누르기 위해서였지.

지방 세력이 군사들의 기세에 눌려 있을 때 법흥왕은 율령을 반포해 나라의 기틀을 세웠어. 그리고 지방 세력을 도읍으로 불러들여 관직을 주고는 직급에 따라 옷 모양과 색깔을 달리하게 했어. 가장 높은 왕 밑에 층층으로 신하들이 늘어서게 된 거지.

울진 봉평 신라비 법흥왕 때 울진이 신라의 영토로 들어가자 그곳 주민들이 항쟁했는데, 신라 중앙 정부에서 관리를 보내 벌을 주고는 다시는 이 같은 일이 일어나지 않도록 하기 위해 비를 세웠다는 내용이 담겨 있다. 비문에는 노비를 다루는 것에 관한 법과 곤장을 치는 형벌에 관한 법이 언급되어 있어 법흥왕이 반포한 율령이 어떤 것이었는지 짐작해 볼 수 있다.
국보 242호.

신라의 무기

한반도에는 기원전 4세기 무렵부터 철기가 전래되기 시작했다. 철로 만든 농기구를 사용함으로써 농업 생산량을 극적으로 높일 수 있었다. 고구려·백제·신라 삼국의 발전은 이러한 철기를 바탕으로 한 것이었다. 신라는 농기구뿐만 아니라 무기와 갑옷 또한 철로 만들어 무장을 하고 삼국 간의 전쟁에 나섰다.

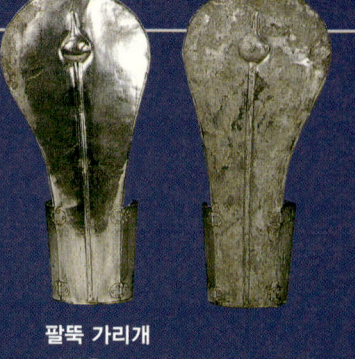

팔뚝 가리개 팔뚝을 보호하기 위한 가리개로, 얇은 은판을 오려서 만들었다. 보물 632호.

투구

도끼, 화살촉, 낫

갑옷 얇은 철판을 쇠못이나 가죽 끈으로 이어 붙여 만든 판갑옷으로, 목 가리개가 함께 붙어 있다.

말 머리 가리개

투겁창 긴 자루를 끼워 쓰는 창으로, 적을 찌르는 데 쓰는 무기이다.

세잎무늬 고리 자루 큰칼 손잡이 끝에 세 잎 모양 고리가 달린 칼로 황남대총에서 출토되었다. 보통의 칼과 달리 장식이 화려한 것으로 보아 무덤 주인의 신분과 지위가 높았다는 사실을 알 수 있다.

이는 왕의 권위를 높여 지방 세력이 함부로 왕에게 도전하지 못하게 한 것이란다.

【 온 백성의 마음을 모으는 불교 】

율령을 만들어 나라의 기틀을 세웠지만 아직 남은 문제가 있었어. 바로 백성들의 마음을 왕에게로 모으는 것이었지. 법흥왕은 불교를 통해 그것을 이루기로 했어.

신라 각 지방의 백성들은 예부터 내려오는 전통에 따라 각자 믿는 신들이 있었어. 그것은 멀리 거슬러 올라가 부족 사회 시대에 부족들마다 각각 섬기던 신들이었지. 따라서 지방마다 섬기는 신이 달랐단다. 그런데 법흥왕은 이러한 전통 신앙을 없애고 불교라는 새로운 종교를 받아들여 모든 백성이 부처님을 섬기는 하나의 마음이 되도록 통일시키려고 했어. 백성들이 한마음으로 부처님을 섬기면 그것이 곧 왕에 대한 충성심으로 이어질 수 있을 거라고 생각한 거야.

법흥왕의 이러한 생각에 지방의 귀족 세력은 강하게 반발했어. 오래전부터 믿어 오던 신앙을 하루아침에 버릴 수 없다는 주장이었지. 하지만 그들의 속마음은 그게 아니었어. 예전 신앙을 그대로 두어야 예전처럼 자기들이 백성을 다스릴 수 있다고 생각한 거야.

【 불교를 위해 목숨을 바친 이차돈 】

귀족들의 반발로 불교를 전파하는 데 걸림돌을 만난 법흥왕은 깊은 고민에 빠졌어.

이때 충신 이차돈이 왕에게 아뢰었어.

"제 한 몸을 바쳐 귀족들이 불교를 받아들이게 할 계책이 있습니다."

법흥왕은 충성스러운 신하의 목숨을 아껴 말렸지만, 이차돈은 결심을 굽히지 않았어. 그래서 법흥왕도 마지못해 그의 말에 따르기로 했단다.

이차돈은 천경림이라는 곳에 절을 짓기 시작했어. 그곳은 원래 백성들이 오래전부터 숭배하던 하늘 신에게 제사를 지내는 신성한 곳이었지. 이것을 본 귀족들은 얼굴이 벌겋게 달아올랐어. 그래서 이차돈에게 몰려가 왜 신성한 곳에 함부로 절을 짓느냐고 따졌지. 이차돈은 왕의 명령이라며 귀족들을 꾸짖었어.

귀족들은 법흥왕에게 몰려가 어떻게 된 일이냐며 따지듯 물었어. 그러자 법흥왕은 짐짓 나는 모르는 일이라며 이차돈을 불러오게 했어. 이차돈이 불려 오자 왕은 엄한 목소리로 꾸짖었어.

"내가 너더러 절을 지으라고 했단 말이냐?"

"제가 거짓말을 했습니다."

이차돈은 언제 그랬냐는 듯 말을 바꾸어 대답했지.

법흥왕은 크게 화를 내며 그 자리에서 이차돈의 목을 베게 했어. 그러고는 귀족들에게 말했지.

"앞으로 내 말을 듣지 않는 자는 모두 이차돈같이 될 것이다."

귀족들은 서슬이 시퍼런 법흥왕의 기세에 눌려 벌벌 떨었어.

법흥왕은 귀족들이 겁먹은 틈을 타서 천경림에 짓던 절을 계속 짓게 하고, 백성들로 하여금 널리 불교를 믿

이차돈 순교비 이차돈이 죽은 지 290년이 지난 818년에 세운 비이다. 이차돈의 목이 잘린 뒤 목에서 하얀 피가 솟구치는 모습을 앞면에 새겼다. 국립 경주 박물관에 보관되어 있다.

게 했어. 귀족들은 반발하고 싶었지만 이차돈 같은 신세가 될까 봐 아무도 나서지 못했단다.

【 고대 국가로 성장하다 】

전해 내려오는 이야기에 따르면, 이차돈의 목을 베었을 때 목에서 하얀 젖이 높이 솟구치고 사방이 캄캄해지더니 하늘에서는 꽃비가 내렸대. 잘려진 그의 머리는 멀리 날아가 금강산 꼭대기에 떨어졌고. 이런 이야기는 이차돈의 충성심을 기리기 위해 신성하게 꾸며 낸 이야기였겠지.

어쨌든 법흥왕은 충신 이차돈의 희생 덕분에 불교를 널리 퍼뜨릴 수 있었어. 율령을 반포하고 뒤이어 불교를 공인하면서 이제 신라는 어엿한 고대 국가 대열에 올라서게 되었단다.

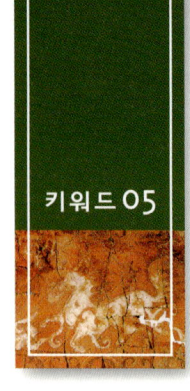

키워드 05   진흥왕

영토를 넓히고 순수비를 세우다

법흥왕이 신라를 고대 국가로 성장시킨 뒤 진흥왕이 왕위에 올랐어. 진흥왕은 나라의 기틀이 단단하게 잡힌 것을 토대로 삼아 밖으로 영토를 넓혀 갔어. 한반도의 동남쪽 구석에 자리 잡은 작은 나라로 계속 머물 수는 없다고 생각한 거지. 진흥왕은 소백산을 넘고 낙동강을 건너 쭉쭉 뻗어 나갔어. 그리하여 진흥왕 말년에는 이웃 백제·고구려와 어깨를 겨룰 만큼 넓은 영토를 가진 강대국이 되었단다.

【 고구려와 백제의 틈바구니에서 】

진흥왕은 어떻게 하면 나라의 영토를 넓힐 수 있는지를 곰곰이 생각했어. 진흥왕은 먼저 자신의 뜻을 받들어 충성할 신하가 필요하다고 생각했지. 그래서 이사부 장군을 불러들여 병부령의 자리에 앉혔어. 병부령은 오늘날의 국방부 장관에 해당하는 직책이야.

이사부는 앞서 지증왕 시대에 북쪽 국경 지방인 실직주(지금의 강릉 일대)를 개척하고 그곳을 다스린 적이 있었어. 512년에는 그 누구도 이루지 못했던 울릉도 점령을 성공시키는 큰 공을 세우기도 했지. 진흥왕은 이러한 공을 세운 이사부야말로 자신의 영토 확장 정책을 수행할 적임자라고 여겼던 거야.

진흥왕의 부름을 받은 이사부는 먼저 주변 나라들의 정세를 찬찬히 살펴보았어. 고구려는 광개토 대왕과 장수왕 시대에 전성기를 이루어서, 한때 신라는 그 기세에 눌려 고구려의 속국이 된 적도 있었지. 하지만 이제 고구려는 누가 왕위를 차지할 것이냐를 두고 귀족 세력들이 창칼을 앞세워 다툼을 벌이는 등 나라의 기강이 무너지고 있었어.

이에 반해 백제는 성왕이 왕위에 오른 뒤 나라의 기틀을 튼튼하게 다지고 있었어. 이를 토대로 도읍을 사비(지금의 부여)로 옮기고 중국과 가야·왜를 연결하는 교역망을 세워 나날이 발전하고 있었지. 성왕의 꿈은 옛 도읍지가 있던 한강 지역을 고구려에서 되찾는 것이었어. 그래서 때마침 약해진 고구려의 허점을 틈타 한강으로 진격할 기회를 호시탐탐 노리고 있었지.

550년 봄, 드디어 백제 성왕이 고구려 정벌의 칼을 뽑아 들었어. 두 나라가 국경선을 맞대고 있던 오늘날의 충청북도 증평과 진천 일대의 고구려 성인 도살성을 공격해 점령했어. 고구려는 생각지도 않은 일격을 받고 당황했지. 그러나 고구려가 비록 집안싸움 때문에 약해져 있다 해도 백제가 함부로 넘볼 수 있는 호락호락한 상대는 아니었어. 정신을 차리고 대열을 정비한 고구려는 도살성에서 가까운 백제의 금현성을 기습 공격해 점령했어. 두 나라가 서로 한 방씩을 주고받은 셈이었지.

신라의 이사부 장군은 신라의 국경선인 문경새재에서 이런 사태를 주의 깊게 지켜보고 있었어. 신라는 일찍부터 백제와 동맹을 맺어 고구려에 공동으로 대항하고 있었지만, 이사부에게 그것은 중요하지 않았어. 나라의 영토를 넓히는 것이 무엇보다 중요했거든. 이사부는 고구려와 백제가 한 번씩 싸움을 주고받으며 둘 다 지쳐 있다는 것을 알았어. 그래서 진흥왕에게 지금이야말로 도살성과 금현성을 모두 공격해 점령할 때라고 보고하고 허락을 받았어.

과연 이사부가 군대를 이끌고 문경새재를 넘어가 두 성을 공격하니, 두 성 모두 변변한 저항도 못하고 신라군에게 성을 내주고 말았단다.

【 한강을 차지하다 】

신라가 문경새재를 넘어 영토를 넓힌 것은 아주 큰 사건이었어. 그동안 신라는 한반도 동남쪽 귀퉁이에 자리 잡은 작은 나라에 지나지 않았는데, 이제는 고구려·백제와 어깨를 겨룰 만큼 힘이 커졌다는 뜻이거든.

진흥왕은 여기에 그치지 않고 약해진 고구려를 공격하기로 했어. 이를 맡을 책임자로는 거칠부 장군을 임명했지. 거칠부는 일찍이 신라의 역사를 기록한 『국사』를 편찬하기도 했어. 신라는 결코 작은 나라가 아니며 훌륭한 선조를 둔 역사가 깊은 나라로서 장차 큰 나라로 성장하리라는 점을 알리기 위해 펴낸 것이었지.

거칠부 장군은 고구려를 함께 공격하자고 백제에 제안했어. 백제의 성왕은 얼마 전 신라가 도살성을 공격한 것에 화가 나 있었지만, 이번 기회에 꿈에도 그리던 한강을 되찾을 수 있다는 생각에서 거칠부가 내민 손을 덥석 잡았지. 이것을 나·제 동맹이라고 해.

551년, 두 나라 연합군은 고구려군이 주둔해 있는 한강 유역으로 일제히 쳐들어갔어. 불시에 습격을 받은 고구려군은 맥없이 당하고 말았지. 결국 나·제 연합군은 한강을 점령했어. 상류는 신라가 차지하고 하류는 백제가 차지했지. 신라 진흥왕은 처음으로 한반도의 한가운데까지 진출하는 큰 업적을 이루었어. 백제 성왕도 개로왕이 전사한 뒤 눈물을 머금고 물러나야 했던 하남 위례성을 되찾아 감격의 눈물을 흘렸지.

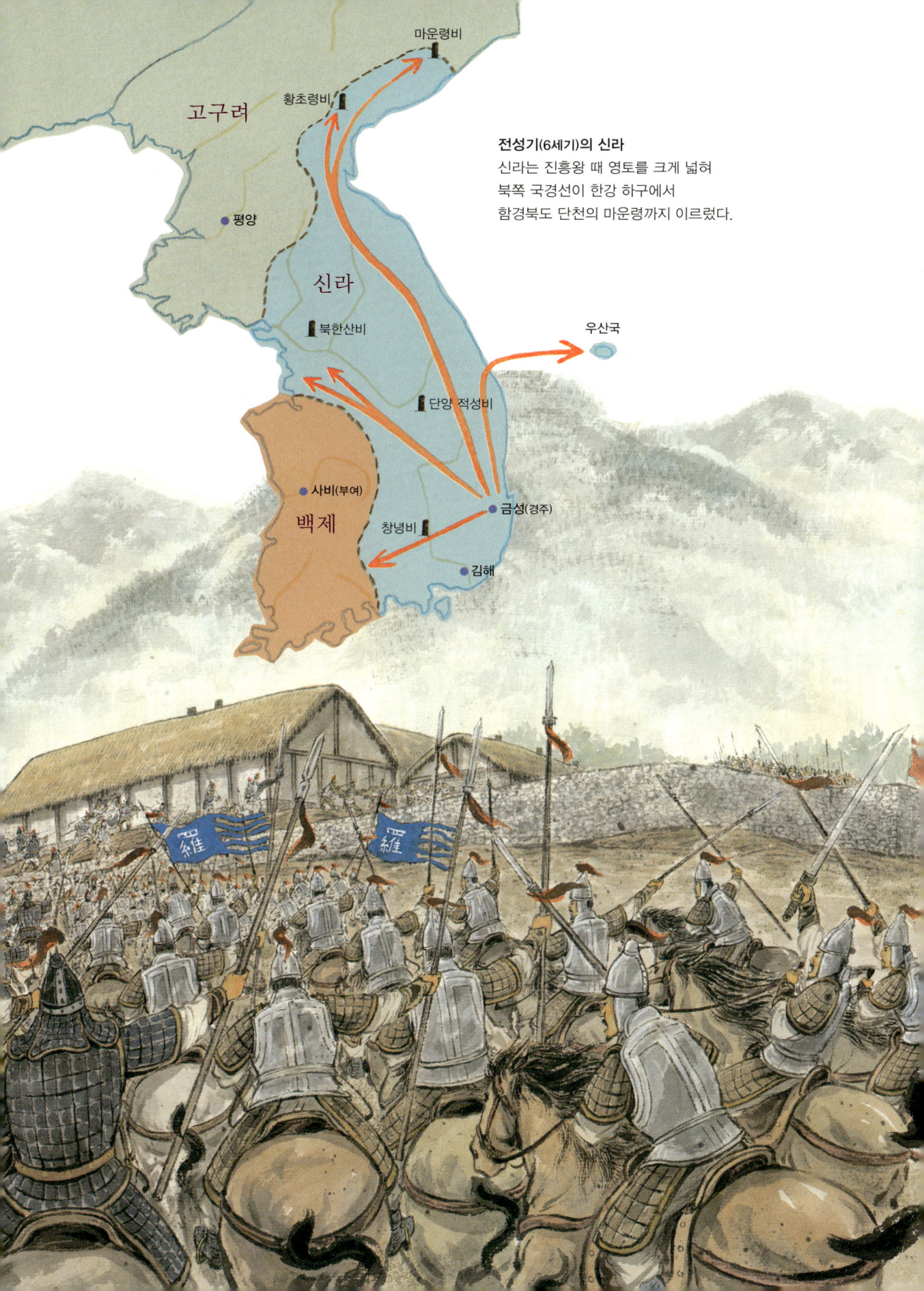

전성기(6세기)의 신라
신라는 진흥왕 때 영토를 크게 넓혀 북쪽 국경선이 한강 하구에서 함경북도 단천의 마운령까지 이르렀다.

그런데 진흥왕은 여기에 만족하지 않았어. 비록 백제와 힘을 합쳐 한강을 점령했지만, 한강 하류까지 차지하고 싶었거든. 한강은 상류보다 바다로 통하는 하류가 훨씬 값진 곳이었기 때문이야. 553년, 진흥왕은 전격적으로 한강 하류로 쳐들어갔어. 마음을 놓고 있던 백제는 손을 쓸 겨를도 없이 한강 하류 땅을 빼앗기고 말았지.

한강을 독차지한 진흥왕은 북한산에 올라 자신이 점령한 넓은 땅을 내려다보며 흐뭇해했어. 그리고 그 자리에 신라 땅의 경계를 표시하는 비석을 세웠지. 이것이 진흥왕의 북한산 순수비란다.

북한산 신라 진흥왕 순수비 한강 유역까지 영토를 넓힌 진흥왕은 한강을 굽어보는 북한산에 올라 순수비를 세우고, 이곳이 신라 땅이라는 것을 확실하게 했다. 국보 3호.

진흥왕은 북으로 고구려 땅을 넘어 더욱 진격했어. 특히 오늘날의 함경도 지방은 고구려의 도읍에서 멀리 떨어져 있어 지킬 힘이 약했어. 그래서 신라군은 이곳으로 깊숙이 쳐들어가 신라 땅으로 만들어 버렸지. 이곳의 점령지 경계선인 황초령과 마운령에도 진흥왕이 직접 돌아보고 순수비를 세웠단다.

【 경주를 넘어 충주로 】

한편 진흥왕에게 뒤통수를 맞은 백제의 성왕은 이를 뿌드득 갈았어. 이제 나·제 동맹은 깨진 것이었어. 성왕의 태자 여창은 스스로 신라 정벌군 사령관이 되어 신라의 관산성을 공격했어. 그러나 신라가 지원군을 보내 관산성을 지키게 하는 바람에 좀처럼 함락될 기미가 없었지.

그러자 성왕은 태자를 돕기 위해 관산성으로 향했어. 하지만 이를 알아차린 신라군은 성왕이 지나는 길목에 숨어 있다가 그를 공격해 목숨을 빼앗았단다. 왕을 잃은 백제 병사들은 사기가 떨어져 물러나고 말았지. 그 뒤 백제는 나라의 기운이 기울기 시작했어.

백제의 기세를 꺾은 진흥왕은 이제 남쪽 낙동강 너머로 눈길을 돌렸어. 그곳에는 여러 가야 나라들이 흩어져서 번성하고 있었어. 진흥왕은 이사부 장군을 시켜 가야를 정벌하게 했어. 그 무렵 여러 가야 중에서 가장 크고 강한 나라는 대가야였는데, 이사부 장군이 먼저 대가야를 정복하자 뒤이어 다른 가야들도 잇따라 신라의 속국이 되었지. 진흥왕은 가야 땅을 직접 둘러보고 창녕에 순수비를 세웠어.

신라는 이처럼 진흥왕 시대에 영토가 크게 늘어났어. 북쪽 국경선은 함경도에서 한강에 이르렀고, 서쪽 국경선은 소백산맥 너머 오늘날의 충청북도 땅에까지 펼쳐졌지. 이렇게 되고 나서 보니 나라의 도읍인 경주가 너무 구석에 치우쳐 있는 거야. 그래서 진흥왕은 오늘날의 충주에 국원 소경이라는 행정 구역을 두어 제2의 도읍으로 삼았어.

삼국에는 모두 영토를 넓힌 국왕들이 있었어. 고구려에는 광개토 대왕이, 백제에는 근초고왕이, 그리고 신라에는 뒤늦었지만 진흥왕이 있었단다.

단양 신라 적성비 진흥왕이 영토를 넓히는 과정에서 고구려 땅이었던 충청북도 단양의 적성을 빼앗고 이를 기념하기 위해 세운 비석이다. 비문에는 신라의 관직과 율령에 관한 중요한 사실이 적혀 있다. 국보 198호.

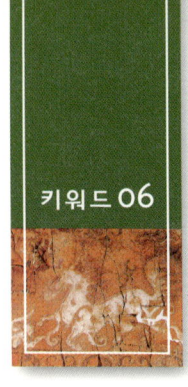

키워드 06 화랑도

신라는 화랑도가 지킨다

화랑도는 신라 청소년들의 수련 단체야. 경치 좋은 산과 들을 찾아다니며 몸과 마음을 갈고 닦았지. 그리고 나라가 위급한 상황에 빠지면 기꺼이 달려가서 나라를 위해 몸을 바쳐 싸웠어. 이들이 있었기에 신라는 백제와 고구려를 물리치고 삼국 통일을 이룰 수 있었단다.

【 사다함 이야기 】

진흥왕이 나라의 영토를 크게 넓히자 이제 신라 사람들은 경주 부근의 좁은 울타리를 벗어나, 북으로 문경새재를 넘고 남으로 낙동강을 건너 한반도 곳곳으로 뻗어 갔어. 진흥왕은 이러한 상황을 지켜보며 흐뭇해했지. 그렇지만 마냥 즐거워하고만 있을 수는 없었어. 나라가 커진 만큼 나라를 운영할 많은 인재들이 필요한데, 인재들을 길러 내는 곳이 모자랐기 때문이야.

진흥왕은 생각 끝에 화랑도를 되살리기로 결정했어. 신라에는 나라가 세워지기 전 부족 단위로 살아가던 시절부터 부족마다 청소년 단체가 있었어. 이것을 '화랑도'라고도 하고 '풍류도'라고도 했지. 하지만 나라가 고대 국가 체제를 갖추어 감에 따라 옛 부족 사회 시절의 풍습은 버리게 했어. 화랑도도 그중 하나였지.

하지만 진흥왕은 화랑 제도를 새롭게 정비하여 되살리기로 한 거야. 옛 부족 사회 시대의 풍습이던 화랑도가 아니라, 나라에서 공식적으로 제도를 만들고 관리하는 새로운 국가 제도로 만든 거란다.

그런데 진흥왕이 화랑도를 되살리기로 한 데에는 계기가 있었어. 이사부 장군을 시켜 대가야를 정벌할 때 사다함이라는 화랑이 큰 공을 세웠거든.

이사부 장군이 대가야를 정벌하기 위해 출정하려 할 때였어. 그때 사다함이 이사부 장군을 찾아가 전투에 참가시켜 달라고 했지. 이사부 장군은 사다함이 너무 어리다며 안 된다고 했어. 그때 사다함의 나이 열다섯 살밖에 안 됐거든. 하지만 사다함은 쉽게 물러가지 않고 끈질기게 기회를 달라고 했어. 이사부 장군은 결국 허락하고 말았지.

사다함은 자기를 따르는 낭도 1천여 명을 거느리고 정벌군에 참가했어. 예부터 화랑은 자신을 따르는 낭도들을 거느렸는데, 많을 때는 수천 명이나 됐지. 적진에 다다르자 사다함은 자기가 먼저 돌격하겠다고 말했어. 사다함이 잘 훈련된 낭도 1천여 명을 거느리고 적진으로 진격하자, 적군들은 변변한 저항도 못해 보고 항복하고 말았어. 대가야 정벌에 큰 공을 세운 거야.

진흥왕은 사다함의 공을 칭찬하고 상으로 가야의 포로 300명을 주었어. 하지만 사다함은 포로들을 다 풀어 주어 자유인이 되게 했단다. 또 진흥왕이 상으로 땅을 주겠다고 했지만 이것도 안 받겠다고 했어. 왕이 하도 끈질기게 권하자 나중에 할 수 없이 알천 부근의 거친 땅을 조금 받았을 뿐이야.

화랑 화랑은 '꽃처럼 아름다운 남자'라는 뜻으로, 신라 이전의 부족 사회 때부터 전해져 온 청소년 수련 단체인 화랑도의 우두머리를 가리킨다. 화랑도는 각기 화랑 한 명과 승려 몇 명, 그리고 화랑을 따르는 낭도들로 구성되었다.

사다함에게는 무관랑이라는 친구가 있었는데, 우정이 깊어 한날한시에 같이 죽기로 약속을 했었어. 그런데 무관랑이 그만 병에 걸려 죽고 말았어. 그러자 사다함은 약속대로 스스로 목숨을 끊어 친구와 저승길을 함께했단다.

진흥왕은 이러한 사다함을 보면서 '저렇게 충성스럽고 강직한 젊은이들을 나라의 일꾼으로 삼아야겠다.'고 생각했어. 그래서 화랑도를 되살리기로 한 거야.

【 세속 5계를 지켜라 】

진흥왕이 화랑 제도를 만들어 청소년들을 훈련시키자, 나라를 위해 몸을 던져 큰일을 해내는 이들이 많이 나왔어. 이러한 화랑 청소년들은 서로 굳게 약속하고 지키던 것들이 있었어. 원광 스님은 그것을 가다듬어 세속 5계로 정리해 주었지. 세속 5계란 세상에서 지켜야 할 다섯 가지 규범을 뜻해.

사군이충(事君以忠)
임금을 충성으로 섬긴다.

사친이효(事親以孝)
부모님을 효를 다하여 모신다.

교우이신(交友以信)
친구를 믿음으로 사귄다.

임전무퇴(臨戰無退)
전투에 나가서는 후퇴하지 않는다.

살생유택(殺生有擇)
살아 있는 것을 죽일 때는 가려서 죽인다.

화랑들은 금강산 같은 명산을 찾아다니며 세속 5계를 반드시 지키도록 훈련을 했어. 그래서 신라가 백제와 고구려를 무너뜨릴 때, 또 당나라와 전쟁할 때 많은 공을 세웠지. 하지만 신라가 삼국을 통일한 뒤로는 화랑도의 역할이 크게 줄어들면서 점차 사라져 갔단다.

임신서기석 경주시 석장사 터 부근에서 발견된 비석으로, 임신년(552년 또는 612년)에 두 화랑이 서로 나라에 충성하고 유교 경전을 열심히 공부할 것을 약속한 내용을 담고 있다. 보물 1411호.

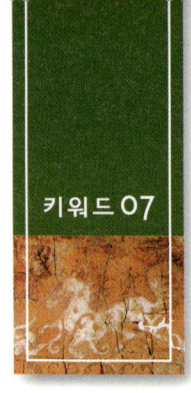

키워드 07　골품 제도

뼈에도 등급이 있다고?

고구려·백제·신라 삼국 가운데 여왕이 있던 나라는 신라뿐이란다. 고대 사람들은 왕은 당연히 남자가 맡는다고 생각했거든. 특히 중국에서 유교가 전해진 뒤에는 '부부 사이에는 구별이 있다.'고 하여 남자와 여자 사이를 엄격하게 구분했어. 바깥일은 남자가 하고 집안일은 여자가 하는 것으로 말이야. 그런 시대에 어떻게 신라에 여왕이 생겨난 걸까?

【 골품제란 무엇인가 】

632년, 신라 26대 진평왕이 세상을 떠났어. 왕이 죽자 모두들 슬픔에 잠겼는데, 여느 왕 때와는 또 다르게 신라 왕실은 큰 근심에 휩싸이게 되었어. 진평왕이 아들을 남기지 않았기 때문에 다음 왕위를 이어받을 사람이 없었거든. 이전의 왕 중에서도 아들을 남기지 않고 죽을 때가 있었지만, 그때는 왕의 형제 가운데 한 사람이 대신 왕위를 이어받았지. 그런데 진평왕에게는 형제마저 없었던 거야.

　그러면 왕의 친척 가운데 누군가가 왕위를 이어받으면 되지 않을까 생각할 수 있지만 신라 왕실에서는 그럴 수가 없었어. 그건 바로 골품 제도라는 신라만의 독특한 신분 제도 때문이었지. 골품 제도는 왕족은 성골과 진골로 나누고, 왕족이 아닌 신분은 6두품에서 1두품까지 여섯 등급으로 나눈 신분 제도였어.

　왕족 가운데 성골은 왕의 직계 자손들이고, 진골은 왕과 조금 먼 친척들이었어. 물론 이들은 신라의 도읍 경주에서 살았지.

6두품이 만들어진 데에는 이유가 있었어. 신라에는 원래 여섯 부족이 모여 살고 있었어. 그런데 다른 곳에서 이주해 온 박혁거세가 여섯 부족의 추대를 받아 왕이 되었지. 말하자면 이때의 신라는 6부족의 연맹 왕국이었던 거야. 한참 동안 이러한 연맹 왕국으로 지내던 신라는 법흥왕이 율령을 반포하는 것을 계기로 고대 국가로 탈바꿈했어. 이제 부족은 사라지고 각 부족의 지배층은 도읍 경주로 모여들었지. 왕은 그들에게 높은 관직을 내려 주었어.

그 뒤 도읍에 사는 사람들의 신분을 가장 높은 6두품부터 가장 낮은 1두품까지 여섯 등급으로 나누었지. 숫자가 작아질수록 신분도 낮아서, 6두품에서 4두품까지는 관리가 될 수 있었지만 3두품에서 1두품까지는 일반 평민이나 다름없었단다. 이처럼 6두품에 속한 각 신분은 오를 수 있는 관직이 정해져 있었고, 사는 집의 크기까지 정해져 있었어. 이를 요즘 식으로 바꿔 말하면, 6두품은 차관까지만 할 수 있고 장관은 될 수 없었어. 또 4두품은 30평 이상 아파트를 가질 수 없었다는 얘기지.

그나마 골품 제도는 도읍에 사는 사람들에게만 해당되었어. 도읍 경주가 아닌 지방에 사는 사람들이나 노비는 아예 골품조차 없었어. 이렇게 신라의 신분 제도는 다른 고대 국가들보다 훨씬 더 엄격하고 독특했단다.

신라 문관 토용 경주시 용강동 고분에서 출토된 이 토용은 서역 사람의 모습을 하고 있다. 손에는 홀을 들고 있는데, 이는 6두품 이상의 관리가 들 수 있는 것이다. 외국인이 신라에서 높은 관직에 올랐던 것을 알 수 있다.

골품 제도

이러한 골품 제도를 시행하고 있던 참에 진평왕이 죽자 이제 경주 왕궁에는 성골 남자가 한 명도 없었어. 성골 남자의 씨가 말라 버린 거지.

하지만 진평왕에게는 성골인 맏딸 덕만 공주(뒷날의 선덕 여왕)가 있었어.

《신라의 골품 제도》

등급	관등	골품별 승진 상한과 관복 색				집 크기
		진골	6두품	5두품	4두품	
1	이벌찬					
2	이찬					
3	잡찬					24척
4	파진찬					
5	대아찬					
6	아찬					
7	일길찬					21척
8	사찬					
9	급벌찬					
10	대나마					18척
11	나마					
12	대사					
13	사지					
14	길사					15척
15	대오					
16	소오					
17	조위					

신라는 골품 등급에 따라 관직에 오르는 것은 물론 옷 색깔, 집의 크기 등에 이르기까지 엄격하게 규제했다. 관직은 17등급으로 나누어 12~17등급은 황색, 10~11등급은 청색, 6~9등급은 비색, 1~5등급은 자색 관복을 입게 했다. 또 관직 승진에도 제한을 두어 진골은 17등급부터 1등급인 이벌찬까지 승진할 수 있었지만 6두품은 6등급인 아찬까지, 5두품은 10등급인 대나마까지, 4두품은 12등급인 대사까지만 승진할 수 있었다.

왕실에서는 며칠 동안 회의를 거듭한 끝에 결론을 내렸어. 골품제를 지키기 위해서는 성골인 덕만 공주가 왕위를 이어받아야 한다고 말이야. 이렇게 해서 신라에 처음으로 여왕이 탄생한 거란다.

【 최초의 여왕, 선덕 여왕 】

선덕 여왕이 왕위에 오르자 주변 나라에서는 이상한 눈으로 쳐다보며 얕보기 시작했어. 연약한 여자가 어떻게 나라를 다스릴 수 있겠냐는 거였지.

그러나 선덕 여왕은 자신은 남자 못지않게 나라를 잘 다스릴 수 있다고 생각했어. 실제로 백제·고구려와 전쟁을 피할 수 없다고 내다보고 당나라에 사신을 보내 동맹을 맺어 두었지. 또 세금을 덜어 주어 백성들의 살림을 돌보았고, 첨성대를 세워 별의 움직임을 관측하고 하늘의 뜻을 살피게 했어.

한편 선덕 여왕이 남자 왕 못지않다는 것을 널리 알리기 위해 신비로운 이야기를 지어내기도 했단다.

그중 하나는 향기 없는 모란꽃 이야기야. 당나라 태종이 여왕의 즉위를 축하한다며 붉은색, 자주색, 흰색 세 가지 색으로 그린 모란꽃 그림과 꽃씨 석 되를 보내 왔어. 여왕은 그 그림을 보더니, 씨앗을 뿌려 길러도 그 꽃에는 향기가 없을 것이라고 예언했어. 과연 꽃을 피

분황사 석탑 돌을 벽돌 모양으로 다듬어 쌓은 탑이다. 지금은 3층만 남아 있지만 원래 9층이었다고 한다. 분황사는 선덕 여왕이 왕위에 오른 지 3년째 되던 해에 세워졌다. 국보 30호.

워 보니 여왕의 말이 들어맞았지 뭐야. 그래서 신하들이 어떻게 알았냐고 물었더니 여왕은 이렇게 대답했대.

"꽃 그림에 나비가 없으니 그건 향기가 없다는 뜻 아니겠느냐. 이는 당 태종이 내가 배필이 없는 것을 조롱한 것이다."

이것이 정말로 일어난 일은 아닐 거야. 그렇지만 주변 나라에서 선덕 여왕을 얕잡아본 것은 사실이었어. 그래서 이런 이야기를 지어내어 여왕이라고 해서 결코 호락호락하지 않다는 것을 알리려 한 거였지.

선덕 여왕은 거기에 그치지 않고 황룡사에 높이 80미터짜리 탑을 세웠어. 요즘 건물로 치면 30층 높이나 되는 거대한 탑이었지. 여기에도 여왕이라고 얕보지 말라는 뜻이 담겨 있었어.

다른 나라뿐만 아니라 나라 안의 귀족 세력 중에도 여왕을 약하

디지털로 복원한 황룡사 9층 목탑
황룡사는 고려 시대인 1238년 몽골이 쳐들어왔을 때 불타 버려서 지금은 주춧돌만 남아 있다. 황룡사에 세운 9층 목탑의 원래 높이는 80미터였을 것으로 추정되는데, 이는 오늘날 30층짜리 아파트 높이에 해당한다.

게 보고 반란을 일으켜 왕위를 넘보는 이들이 있었어. 선덕 여왕은 즉시 김춘추와 김유신을 시켜 그들을 진압하게 해서 단호한 모습을 보여 주었지.

【 진골 출신이 왕이 되다 】

선덕 여왕은 주변의 시선과 달리 오히려 나라를 강하게 다스려 국제 관계에서 신라의 지위는 더욱 높아졌어. 그러나 선덕 여왕이 죽자 왕실은 또다시 깊은 시름에 잠기게 돼. 이번에도 왕실에 성골 남자가 없었기 때문이지. 그래서 선덕 여왕의 사촌 여동생이 다시 한 번 여왕 자리에 올랐어. 신라의 두 번째 여왕인 진덕 여왕이야. 진덕 여왕도 선덕 여왕의 뜻을 이어받아 삼국 통일의 토대를 닦았단다. 그러나 진덕 여왕도 왕위를 이을 자식을 남기지 않았기 때문에 이제 왕실에는 성골 여자마저 씨가 말라 버렸어.

그래서 할 수 없이 성골이 왕위를 이어받는 것은 중단되어야 했어. 성골보다 한 단계 아래인 진골에서 왕위를 물려받기로 한 거지. 이렇게 해서 진덕 여왕의 조카인 김춘추가 진골 출신으로는 처음으로 왕위에 오르게 되었어. 그가 바로 김유신과 함께 삼국 통일을 이루는 데 큰 공을 세운 태종 무열왕이란다.

키워드+ 첨성대

하늘의 뜻을 살핀 신성한 건물

아래 사진은 경주 시내에 있는 신라 시대의 유적 첨성대야. 신라의 왕궁이 있던 월성의 북쪽에 자리 잡고 있어. 그런데 모양이 특이하게 생겼지?

첨성대는 '별을 바라보는 곳'이라는 뜻이야. 오늘날의 천문대와 비슷한 말이지. 그래서 많은 사람들은 첨성대가 하늘을 관측하기 위해 세운 천문대라고 생각해 왔어. 선덕 여왕이 나라를 다스리던 시기(632년~647년)에 세웠으니 동양에서는 가장 먼저 생긴 천문대인 셈이지.

하지만 첨성대를 자세히 살펴보면 이것이 정말 천문대인지 의문이 들기도 해. 첨성대에서 하늘을 관측하려면 당연히 사람이 맨 꼭대기로 올라가야 했을 텐데, 첨성대에는 꼭대기로 올라가는 계단이 없거든. 첨성대 중간쯤에 네모난 창이 뚫려 있는데, 여기에 사다리를 걸쳐 놓고 올라간 다음 다시 안쪽에서 꼭대기까지 사다리를 타고 올라가야 했을 거야. 올라가는 방법이 꽤 불편했던 것을 알 수 있지. 첨성대가 하늘을 관측하는 천문대라면 굳이 이렇게 올라가기에 불편할 정도로 만들 필요가 있었을까 의문이 드는 거야.

만약 첨성대가 천문대가 아니라면 무엇에 쓰는 건물이었을까? 이것은 첨성대를 만든 사람이 선

첨성대 선덕 여왕 때 만들어졌으며, 경주시 인왕동 평지에 자리 잡고 있다. 높이는 약 9미터이고 위의 지름은 약 3미터, 아래 지름은 약 5미터이다. 국보 31호.

덕 여왕이라는 점과 관련이 있을지도 몰라. 선덕 여왕은 성골 왕족의 대가 끊겨 어쩔 수 없이 여자로서 왕 자리에 올랐어. 사람들은 여자가 왕 노릇을 제대로 할 수 있을지 의심했지. 그래서 반란이 일어나기도 했고, 당나라에서도 선덕 여왕을 얕보았어.

하지만 선덕 여왕은 의지가 굳은 사람이었어. 주위에서 자신을 얕볼수록 더욱 강한 모습을 보여 주려고 했어. 도읍인 경주 한복판에 높이가 어마어마한 황룡사 9층 목탑을 쌓은 것도 그런 이유에서였지.

첨성대는 황룡사 9층 목탑처럼 거대한 건물은 아니지만, 선덕 여왕이 특별한 뜻을 품고 만든 건물일지도 몰라. 이를테면 하늘에 제사를 지내는 제단이었을 수도 있어. 이곳에서 하늘에 제사를 지내며, 자신은 비록 여자이지만 하늘의 뜻에 따라 왕이 된 귀한 존재라는 것을 주위에 널리 알리려고 했을 거란 말이지.

이렇게 보면 첨성대가 천문대였든 제단이었든 하늘과 관련된 건물인 것만은 분명해. 사실 고대에는 하늘을 관측하는 일이 단순한 과학 활동만은 아니었어. 그것 역시 하늘의 뜻을 살피는 신성한 일이었지. 오늘날의 관점에서는 천문대와 제단이 전혀 다르지만 고대에는 둘이 구분되지 않았거든.

우리는 첨성대를 바라보며 그것을 세운 선덕 여왕의 뜻을 잘 헤아려야 해.

키워드 08 | 삼국 통일

신라는 어떻게 마지막 승자가 되었을까

600년대에 접어들어 고구려·백제·신라 삼국은 서로를 공격하면서 경쟁을 벌이게 되었어. 이때까지만 해도 신라가 최후의 승자가 되리라고는 아무도 생각하지 못했지. 오히려 신라는 백제의 공격을 받아 위험에 빠지기까지 했단다.

그런 신라가 백제의 사비성을 함락시킨 데 이어 고구려의 평양성마저 점령해 삼국을 통일했어. 삼국 가운데 가장 발전이 늦었던 신라가 앞선 두 나라를 무너뜨리고 마지막 승자가 된 비결은 어디에 있었을까?

【 두 강대국의 멸망 】

642년, 백제의 의자왕은 군사를 크게 일으켜 신라를 공격했어. 앞서 진흥왕이 동맹을 깨고 백제가 차지한 한강을 점령하더니 뒤이어 성왕의 목숨마저 빼앗아 간 것에 보복 공격을 했던 거야. 백제군은 삽시간에 신라의 40여 개 성을 차지해 버렸지. 특히 윤충 장군은 오늘날 경상남도 합천에 있던 대야성을 함락시켰어. 대야성은 신라 땅으로 들어가는 길목에 자리 잡고 있었기 때문에 신라는 큰 위기에 빠졌지.

다급해진 신라의 선덕 여왕은 김춘추를 고구려로 보내 구원을 요청하게 했어. 하지만 당시 고구려를 다스리던 연개소문은 김춘추에게 진흥왕 때 빼앗아 간 한강이나 내놓으라며 그를 감옥에 가두어 버렸어. 김춘추는 나중에 풀려나긴 했지만 고구려의 도움을 얻기는 힘들다고 생각했지.

신라에서는 위기를 벗어나기 위한 방책을 생각하다가 결국 중국 당나라의 힘을 빌릴 수밖에 없다는 판단을 내렸어. 이번에도 김춘추가 당나라로 건너가 당 태종을 만났지. 김춘추는 신라가 백제의 공격으로 위험에 처해 있으니 도와달라고 했어.

그 무렵 당 태종은 고구려를 공격했다가 번번이 실패한 참이었어. 그래서 김춘추에게 당나라가 신라에 힘을 보태 백제를 공격할 테니 다음에 당나라가 고구려를 공격할 때는 신라도 힘을 보태 달라고 요구했지. 김춘추는 그러겠다고 약속했어. 이렇게 해서 신라와 당나라는 동맹 계약을 맺게 되었어.

태종 무열왕릉비 태종 무열왕릉 근처에 있는 비석인데, 거북 받침 위에 얹혀 있던 비석은 사라지고 머릿돌만 남아 있다. 국보 25호.

나·당 동맹이 맺어지자 고구려와 백제는 이에 대항하기 위해 힘을 합치기로 했어. 655년, 고구려와 백제의 연합군은 먼저 신라로 쳐들어갔어. 신라 북쪽의 30여 개 성이 함락되면서 신라는 또다시 위기에 빠졌지. 그러자 신라는 당나라로 사신을 보내 나·당 동맹의 약속을 지켜 달라고 요청했어.

마침내 660년, 당나라 장군 소정방이 이끄는 13만 병력과 신라의 김유신 장군이 이끄는 5만 병력이 백제의 도읍 사비성으로 밀어닥쳐 백제를 멸망시켰지. 나·당 연합군은 그 기세를 몰아 668년에는 고구려까지 멸망시켰어.

【 신라가 승리한 비결 】

이렇게 보면 신라가 백제와 고구려를 연이어 무너뜨릴 수 있었던 것은 강대국인 당나라의 힘을 빌렸기 때문이라고 할 수 있지. 말하자면 신라는 백제와 고구려의 공격을 받아 위기에 빠졌지만, 그 위기를 돌파하기 위해 주변 나라들과의 외교에 온 힘을 기울였던 거야.

삼국 통일 55

반면 백제나 고구려는 신라를 공격하는 데에만 눈이 팔려 국제 정세가 돌아가는 형편을 잘 살피지 않았어. 당나라는 예전에 한나라가 멸망한 뒤 400여 년 동안 혼란을 되풀이하던 중국 대륙을 다시금 하나로 통일한 강력한 왕조였어. 당나라의 힘을 얕보아서는 안 될 상황이었던 거지.

이미 지나가 버린 역사를 되돌릴 수는 없지만, 신라의 김춘추가 고구려를 찾아가 도움을 요청했을 때 연개소문이 그와 손을 잡았다면 그 뒤의 역사는 전혀 다른 방향으로 흘렀겠지. 그만큼 연개소문의 정세 판단이 올바르지 못했다는 얘기야.

신라는 법흥왕 때 나라의 기틀을 다잡고 진흥왕 때 영토를 크게 넓혔어. 하지만 신라에게 백제나 고구려는 여전히 겨루기 버거운 강대국들이었어. 그 나라들과 맞서 싸워서 이길 수 없다는 것을 알고 있던 신라는 어느 나라든 힘이 센 나라와 힘을 합쳐야 살아남을 수 있다고 판단했던 거야.

【 당나라를 몰아내다 】

신라가 비록 마지막 승자가 되었지만, 다른 민족의 힘을 빌려 같은 민족을 멸망시킨 것이기 때문에 올바르지 않다고 생각할 수도 있어. 게다가 고구려 영토 대부분도 신라가 아닌 당나라 차지가 되었지. 그래서 오늘날에도 신라의 삼국 통일을 좋지 않게 보는 사람들이 있단다.

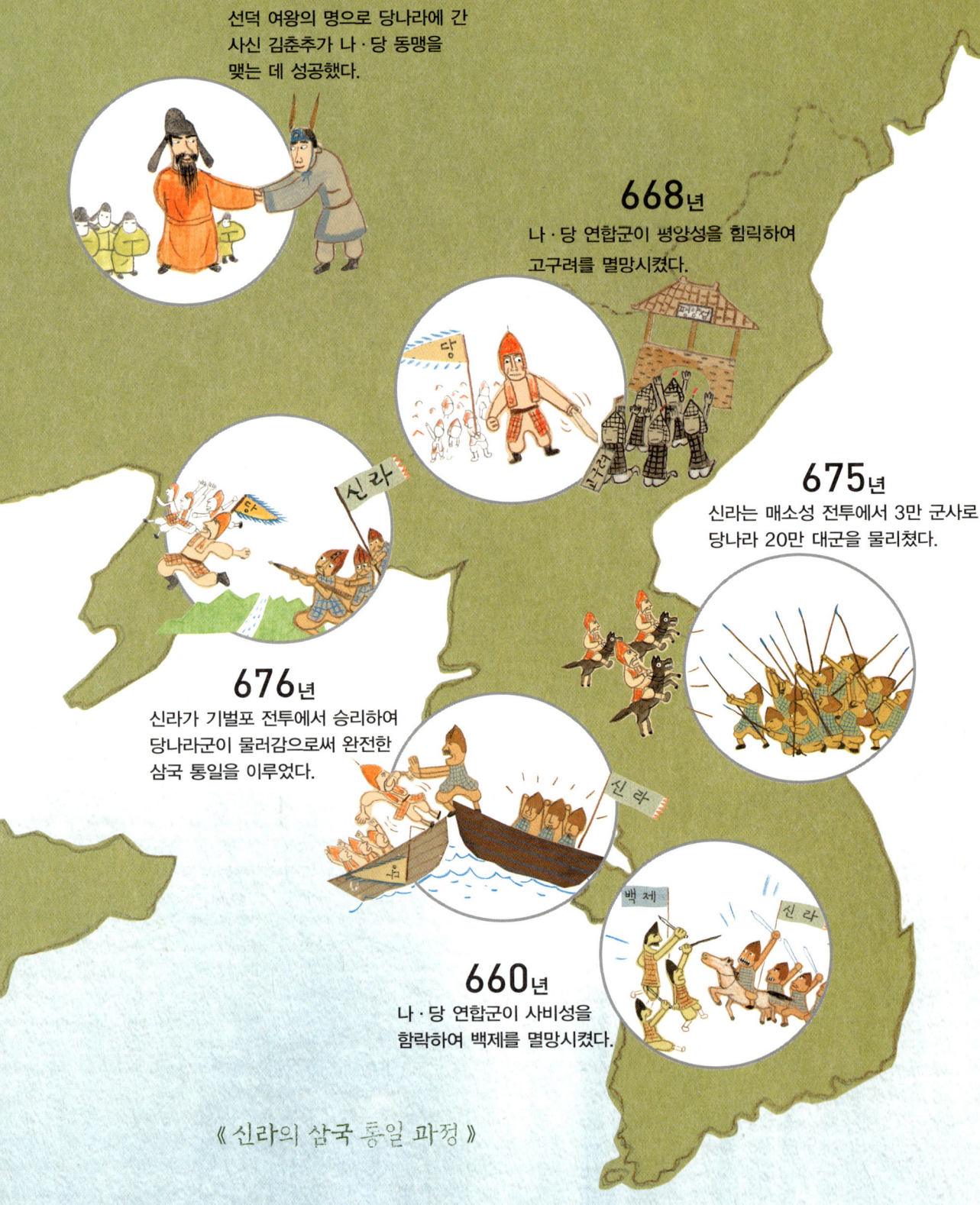

《신라의 삼국 통일 과정》

그렇지만 고구려가 멸망한 뒤 신라가 당나라를 어떻게 대했나를 살펴보면 다르게 보일 수 있어. 원래 신라와 당나라는 백제와 고구려를 무너뜨린 뒤 대동강을 경계로 그 남쪽은 신라가 차지하고 북쪽은 당나라가 차지하기로 약속했어. 그런데 백제를 멸망시킨 뒤 당나라는 웅진 도독부라는 행정 관청을 두어 백제의 옛 땅을 다스리려고 했단다. 이것은 나·당 동맹의 약속을 어기는 행동이었지.

당나라가 이렇게 나오자 신라는 한반도에서 물러가라고 당나라에 요구했어. 당나라가 말을 듣지 않자 전쟁을 시작했지. 강대국인 당나라에 대항하는 것은 아주 위험한 일이었지만, 그렇다고 백제와 고구려 땅을 몽땅 당나라에게 내줄 수는 없었던 거야. 그것은 삼국 통일이라고 볼 수 없기 때문이었지.

이렇게 해서 신라는 670년부터 676년까지 7년 동안 당나라와 피비린내 나는 전쟁을 벌였어. 이때 신라는 백제와 고구려의 백성들이었던 사람들을 끌어들여 그들과 함께 당나라와 싸웠어. 그 결과 마침내 당나라를 대동강 북쪽으로 몰아냈어. 한반도 전체를 집어삼키려던 당나라의 야망은 물거품이 되고 말았지.

이런 과정을 통해서 우리는 신라가 단순히 외세에 의존해 제 민족의 나라들을 무너뜨린 것이 아니라, 자신이 중심이 되어 삼국을 통일하고 자주적인 나라를 세웠다는 것을 알 수 있어. 나아가 신라는 고조선이 멸망한 뒤 여러 갈래로 흩어졌던 우리 민족을 비로소 하나의 나라로 합쳤지. 신라의 삼국 통일 이후 오늘날에 이르기까지 우리 민족은 더 이상 흩어지지 않고 하나의 문화를 이루며 살고 있단다.

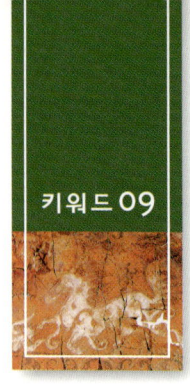

키워드 09 　김유신

삼국 통일을 이룬 일등 공신

신라의 삼국 통일은 태종 무열왕과 그의 아들 문무 대왕에 걸쳐 이루어졌어. 두 왕의 업적은 신라의 다른 어느 왕들보다도 대단한 것이었지. 하지만 다른 한 사람이 없었다면 그들이 삼국 통일이라는 업적을 이룰 수 없었을 거야. 바로 김유신 장군이지. 그런데 김유신 장군이 그런 업적을 이룰 수 있었던 데에는 그만의 특별한 가정 환경이 큰 영향을 끼쳤단다.

【 차별 받는 하급 진골 가문 】

김유신은 삼국 통일 과정에서 수많은 전쟁을 승리로 이끈 명장이야. 자기 몸을 아끼지 않고 쉴 새 없이 전장을 누볐지. 그런데 김유신 장군이 그토록 최선을 다해 전쟁을 이끈 데에는 그만의 열등감이 작용하고 있었어.

　김유신 가문의 고향은 원래 신라가 아니라 가야였어. 가야의 왕족이었는데 가야가 신라에 멸망한 뒤 신라로 옮겨 와 살기 시작한 거야. 신라에서는 그들에게 진골 귀족의 신분을 주었지만, 어디까지나 신라 토박이 진골보다는 한 단계 낮았지. 그래서 높은 관직을 맡아 출세할 수가 없었어.

　김유신의 아버지 김서현은 젊었을 때 이러한 신분 장벽을 뚫으려고 무진 애를 썼어. 그래서 신라 왕족의 딸 만명과 혼인하려고 했어. 신라 왕족과 혼인하면 자기 가문이 신라 진골로 대우 받을 수 있다고 생각했던 거지. 그러나 만명 부인 집안에서 결사적으로 반대하는 바람에 둘은 멀리 지방으로 도망가서 살아야 했단다.

　이러한 부모 밑에서 태어난 김유신이기에 어려서부터 어떻게 하면 가문의 굴레를 벗어날 수 있을까 고민했어. 김유신은 장군이 되어 전쟁터에 나가 큰 공을 세움으로써 나라에서 인정을 받기로 결심했어. 그래서 일찍이 열다섯 살에 화랑이 되어 무술을 익히며 앞날을 준비했지.

이러한 김유신의 바람이 얼마나 강했는지 보여 주는 이야기가 전해진단다. 젊은 시절 김유신은 천관녀라는 여인과 사랑에 빠졌어. 그런데 천관녀는 신분이 낮았기 때문에 천관녀와 혼인한다면 김유신의 꿈은 이루어질 수 없었지. 그래서 김유신은 눈물을 머금고 사랑하는 여인과 헤어지기로 결심했어. 그런데 어느 날 김유신이 술에 취해 집으로 돌아가는데, 말이 예전 버릇대로 천관녀의 집 앞에서 멈춘 거야. 잠깐 졸다가 깨어난 김유신은 깜짝 놀랐지. 그래서 칼을 뽑아 말의 목을 베고는 다시는 천관녀의 집으로 발걸음을 하지 않겠다고 맹세했대. 참 지독한 사람이지?

【장군이 되어 나라에 이바지하다】

김유신은 열심히 노력한 결과 신라의 장군이 되었어. 그는 모든 노력을 기울여 전투를 승리로 이끌어 나라에 충성했어.

당시 백제는 신라로 자주 쳐들어왔어. 특히 신라의 서쪽 국경선을 지키는 요새인 대야성이 백제에 무너지면서 나라에 큰 위기가 닥쳤지. 이때 김유신이 군대를 이끌고 나가 백제군과 맞서 싸워 크게 이겼어. 김유신은 부하들이 적의 기세에 눌려 주춤거리고 있을 때면 홀로 적진으로 돌격해 적군을 무찔렀어. 이 모습을 본 부하들은 김유신을 더욱 믿고 따르게 되었지.

김유신 장군 동상
신라 시대 화랑들의 훈련장이었던
경주 황성공원에 세워져 있다.

김유신은 전장에서 돌아와 선덕 여왕에게 보고하고는 집에 들를 사이도 없이 곧바로 다시 출정하는 일이 잦았어. 그러던 어느 날, 집에 들르지도 못하고 다시 출정하는 김유신을 배웅하기 위해 가족들이 집 앞에 나와 기다렸어. 그런데 김유신이 그 앞을 지나면서도 가족들을 본 체 만 체하는 거야. 부하들은 이상하게 여겼지.

한참을 지나온 뒤 김유신은 부하에게 자기 집 우물물을 길어 오게 하더니, "우리 집 물맛은 예나 지금이나 변함이 없구나." 했어. 부하들은 그제야 집에 들르지 못하는 자기들을 생각해서 김유신이 일부러 가족들을 외면했다는 것을 알고는 큰 감동을 받았지. 그 뒤로 부하들은 김유신과 함께라면 목숨을 아끼지 않고 싸웠단다.

【 삼국 통일을 이루다 】

삼국 사이의 전쟁은 더욱 치열해졌어. 신라가 다른 나라에 먹히느냐, 삼국을 통일하느냐의 갈림길에 서게 되었지. 이때 김유신은 김춘추와 함께 삼국 통일을 위해 몸 바쳐 싸우기로 했어.

둘은 자연스럽게 역할을 나누었어. 김춘추는 고구려·당나라 등과의 외교를 맡아 국제 정세를 신라에 유리하게 만드는 역할을 하고, 김유신은 직접 군대를 이끌고 전쟁의 선두에 서기로 했지.

660년, 드디어 결전의 날이 다가왔어. 김춘추가 당나라와 동맹을 맺는 데 성공해 나·당 연합군이 백제를 치기로 한 거야. 김유신은 신라군의 총사령관이 되어 백제의 도읍 사비성을 향해 진격했어. 중간에 황산벌에서 백제의 계백 장군에게 막혔지만, 김유신이 키운 화랑들의 활약으로 계백의 방어선을 뚫고 나아갔지. 계속 진군한 신라군은 소정방이 이끄는 당나라군과 합세하여 사비성을 함락했단다.

그 뒤 김유신은 비록 병을 얻어 몸소 출정하지는 못했지만 고구려의 평양성 공격 때도 총사령관을 맡아 지휘했어. 그리하여 고구려마저 무너뜨리고 드디어 삼국이 신라라는 한 울타리 안에서 사는 세상을 만들었단다.

【죽어서 이룬 왕족의 꿈】

김유신은 삼국 통일을 이룬 뒤 흰머리가 성성한 79세에 눈을 감았어. 나라에서는 김유신의 공을 높이 기려 무덤을 화려하게 꾸며 주었지.

많은 세월이 흐른 뒤에도 나라에서는 김유신의 공을 잊지 않고 흥무 대왕이라는 이름을 내려 주었어. 왕족이 아닌 귀족 중에서 죽은 뒤에 왕 이름을 받은 사람은 김유신 말고 한 사람도 없으니 아주 특별한 대우였지. 신분 차별의 벽을 넘고 싶었던 김유신의 꿈이 비로소 이루어진 거야.

김유신에 대한 존경심은 오늘날까지 이어져 강원도 대관령을 비롯해 많은 산에서 그를 산신으로 모시기도 한단다. 수많은 전쟁에서 한 번도 지지 않고 승리한 김유신이기에 수호신처럼 떠받들고 있는 거지.

김유신의 무덤 봉분의 지름이 30미터나 돼 왕의 무덤에 버금가는 규모이다. 무덤 비석에 '개국공순충장렬흥무왕릉'이라고 쓰여 있는데, 이는 김유신이 죽은 뒤 신라 왕실에서 왕의 이름을 내려 주었기 때문이다.

2 가야

'가야'하면 뭐가 떠오르니? 뭐, 가야금하고 우륵밖에 생각나지 않는다고? 하긴 그럴 만도 하구나. 고구려·백제·신라 세 강대국의 그늘에 가려 잘 보이지 않았던 나라가 가야였으니까 말이야. 하지만 가야는 500년이나 넘게 삼국과 어깨를 겨룬 당당한 나라였어. 질 좋은 철로 최고의 철제품을 만든 '철의 나라'였고, 백제에 버금가는 해상 교역국이기도 했지. 또 가야만의 독특한 문화를 꽃피우기도 했단다. 가야의 문을 열고 들어서면 그동안 잘 몰랐던 가야가 조금 더 친근하게 다가올 거야.

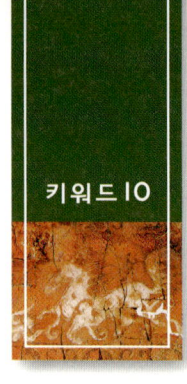

키워드 10　**김수로왕**

김수로왕, 가야를 세우다

고구려·백제·신라의 삼국이 있던 시대에 세 나라 말고도 또 하나의 나라가 있었어. 바로 가야였지. 그래서 이때를 사국 시대라고 부르는 사람도 있단다. 다른 나라들에 모두 신비스러운 건국 신화가 있듯이 가야에도 나름의 건국 신화가 있어. 그 주인공은 김수로왕이야.

【 거북이 노래가 담긴 김수로왕 신화 】

오늘날의 경상남도인 가야 땅에는 각 지역을 다스리는 아홉 부족장이 있었어. 그런데 서기 42년 3월 어느 날, 그들이 살고 있는 곳 북쪽의 구지봉이라는 산에서 이상한 소리가 들려오는 거야. 아홉 부족장과 마을 사람들은 곧바로 구지봉에 올라가 보았지. 그런데 아무것도 보이지 않고 허공에서 목소리만 흘러나왔어.

"너희들은 듣거라. 이 산봉우리의 흙을 파내며, '거북아 거북아 네 머리를 내어라. 만약에 내놓지 않으면 구워서 먹으리.' 하고 노래하며 춤을 추어라. 그러면 너희는 곧 임금을 맞이하게 될 것이다."

아홉 부족장과 마을 사람들은 크게 기뻐하며 그 말에 따라 노래를 부르고 춤을 추었지. 그러자 하늘에서 자줏빛 줄이 내려왔는데, 그 끝에 붉은색 보자기에 싸인 금궤가 매여 있었어. 금궤를 열어 보니 해처럼 둥근 황금 알 여섯 개가 들어 있는 거야. 한 부족장의 집에 보관한 뒤 12일 만에 찾아가 궤짝을 열어 보았더니 여섯 아이가 태어나 있었어.

사람들은 아이들을 평상에 앉히고 나서 절을 하고는 정성을 다해 모셨어.

구지봉 전경 김해시 구산동에 있는 산봉우리로, 하늘에서 황금알이 내려와 김수로왕이 탄생했다는 신화가 전해지는 곳이다.

아이들은 날마다 쑥쑥 자라더니, 보름이 지나자 웬만한 어른보다 더 커졌어. 그 가운데 가장 먼저 태어난 김수로가 왕위에 올라 6가야 가운데 하나인 가락국을 세웠어. 가락국은 나중에 금관가야로 불리지. 나머지 다섯 아이도 각자 대가야·성산가야·아라가야·고령가야·소가야 등 다섯 가야의 왕이 되었대.

【 연맹 왕국 가야 】

다른 나라들의 건국 신화와 마찬가지로 김수로왕 신화도 그 자체가 사실은 아니지만, 가야가 세워지던 무렵의 실제 상황을 담고 있단다.

우선 김수로왕도 고구려의 주몽이나 신라의 박혁거세처럼 먼 곳에서 이주해 온 사람이라는 것을 알 수 있어. 원래 가야 지방에 있던 토박이 세력은 아홉 개의 부족 사회를 이루며 흩어져 살고 있었는데, 바깥세상에서 온

가야 연맹 가야는 여러 작은 나라들로 이루어졌는데, 전기에는 김해 지방에 자리 잡은 금관가야가, 후기에는 고령 지방의 대가야가 가야 연맹을 이끌었다.

김수로왕이 부족장들의 추대를 받아 왕이 되었어. 아마도 그가 발달한 철기 문물을 가져왔기 때문이었을 거야.

그런데 이 시기의 상황을 기록한 중국의 역사책들에는 이때 이 지역을 변한이라고 부르며, 12개의 작은 나라들이 있다고 쓰여 있어. 김수로왕 신화에는 변한이라는 말이 나오지 않으므로 이 기록은 김수로왕이 등장하기 이전의 상황을 적은 것이라고 볼 수 있지. 그렇다면 이 지역에는 원래 열두 부족이 살고 있었는데 기원 전후 무렵이 되자 아홉 부족으로 뭉쳐졌다는 것을 알 수 있어. 이들이 연맹 왕국을 이루고 그 대표로 김수로왕을 뽑았던 거야.

【 먼 곳에서 오는 사람들 】

김수로왕 신화에는 여느 신화와 달리 왕비 허황옥 이야기도 들어 있어.

어느 날 김수로왕은 신하에게 배와 말을 준비하여 남해의 망산도라는 섬에 가서 기다리라고 했어. 그러자 과연 남쪽에서 붉은 돛을 단 배가 다가왔어. 거기에는 아리따운 처녀가 타고 있었지. 그 처녀는 아유타국에서 온 공주이며 이름은 허황옥이라고 했어. 김수로왕은 허황옥을 왕비로 삼고, 아들을 낳고 행복하게 살다가 158세에 세상을 떠났다고 해.

이 신화에 나오는 아유타국이 어디인지는 확실하게 알 수 없단다. 어떤 사람은 인도에 있던 나라라 하고, 어떤 사람은 태국에 있던 나라라고 하지. 하지만 허황옥이 가져온 비단 같은 귀한 물건들을 보면 중국에서 온 것이라는 주장도 있어.

이 이야기에서 우리가 알 수 있는 것은, 가야는 먼 곳에서 배를 타고 오는 손님들이 많은 나라였다는 사실이야. 가야는 우리나라 남부 지방의 낙동강 서쪽에서 섬진강 동쪽 사이의 땅을 차지하고 있었어. 남해 바다에 접하고 있었던 거지. 이곳은 중국에서 한반도를 거쳐 일본으로 가는 뱃길의 중간 지점이었어. 게다가 가야에는 철광석이 풍부해서 갖가지 철기를 만들어 중국과 일본 등 여러 나라 상인들에게 팔았어. 그래서 늘 여러 나라 배들이 이곳에 들러 머물렀지.

이렇게 김수로왕의 왕비 허황옥 이야기는 당시 가야가 자리 잡은 지역이 국제 무역으로 번성했다는 것을 알려 준단다.

수로 왕비 무덤과 파사 석탑 김수로왕의 왕비 허황옥의 무덤으로 구지봉 동쪽 기슭에 있다. 근처에는 파사 석탑이 있는데, 허황옥이 아유타국에서 배를 타고 올 때 파도를 잠재우기 위해 싣고 왔다는 이야기가 전해진다.

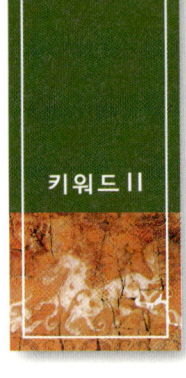

키워드 11 | **금관가야**

국제 무역국으로 성장한 금관가야

김수로왕이 다스린 금관가야는 크게 발전해서 주변의 여러 가야국을 이끌게 되었어. 금관가야가 다른 가야국들보다 앞서 발전할 수 있었던 것은 김수로왕이 나라를 잘 다스렸기 때문이기도 하겠지만, 무엇보다도 김해 지방이 여러모로 축복받은 지역이었기 때문이란다.

【 강과 바다의 물길을 차지한 김해 】

금관가야가 자리 잡은 김해 지역은 낙동강 하류의 넓은 평야 지대야. 땅이 기름지고 물이 풍부해서 농사가 잘됐지. 그래서 이곳에는 일찍이 석기 시대 때부터 사람이 살았어.

또 김해 지역은 교통의 중심지였어. 먼저 낙동강 물길을 통해 내륙 곳곳과 연결된다는 이점이 있었어. 고대에는 육지 길보다 강물을 따라 이동하는 물길을 많이 이용했기 때문에 낙동강 하구에 위치한 김해 지역은 교통의 중심지였지.

나아가 김해 지역은 바닷길을 통해 중국이나 일본과 교류하기에도 좋은 위치였어. 특히 한반도에서 일본과 가

중국과의 교류 청동 거울과 청동솥은 중국에서 만든 것을 수입한 것이고, 금박 목걸이에 사용된 구슬은 페르시아에서 만든 것으로 밝혀졌다. 이로써 가야가 중국을 통해 멀리 서역과도 교류했다는 사실을 알 수 있다.

일본과의 교류 청동으로 만든 방패 꾸미개와 창끝 꾸미개이다. 일본에서 만든 것으로 가야와 교역하면서 전해진 것이다.

장 가까운 땅이라 왜국에서 오는 사신들은 일단 김해 항구에 배를 댔지. 그래서 오늘날 김해와 일본에서 똑같은 모양의 유물들이 발굴되고 있단다.

고대의 문물은 중국 대륙에서 한반도를 거쳐 일본으로 이어졌어. 특히 고조선이 멸망한 뒤 한나라가 그 땅에 세운 낙랑군과 대방군이 중국의 발달한 문물을 전해 주는 통로 구실을 했어. 낙랑군과 대방군은 오늘날의 한반도 북부 지방에 있었는데, 이곳으로 전해진 중국의 문물이 서해 바닷길을 통해 금관가야에 전달되고 이어서 왜까지 흘러갔지. 왜의 처지에서 보면 금관가야는 발달한 문물을 전해 주는 소중한 나라였을 거야.

【 국제 무역국 금관가야 】

김해 지역에서는 철광석이 많이 났어. 그래서 가야 사람들은 일찍부터 철광석에서 얻어 낸 질 좋은 철로 갖가지 농기구와 무기를 만드는 데 뛰어난 솜씨를 발휘했어. 철로 만든 괭이나 낫은 이전에 돌로 만들어 쓰던 것보다 훨

국제 무역항 김해 오늘날의 김해는 낙동강 하구와 멀리 떨어져 있지만, 옛 기록과 지도를 통해 볼 때 가야 시기에는 바닷가였던 것으로 추정된다. 김해 봉황대 유적과 당시의 자연 환경을 바탕으로 가야 시기의 국제 무역항 김해를 재현한 그림이다.

씬 튼튼하고 강했지. 그래서 주변 여러 나라의 상인들이 가야의 철제품을 사기 위해 모여들었어. 이에 따라 김해는 여러 나라의 배들로 붐비는 국제 무역 항구가 되었단다.

이렇게 금관가야는 중국과 일본을 연결하는 중간 지점에 있었던 데다 질

덩이쇠 철이 풍부한 가야에서는 덩이쇠를 화폐로 쓰기도 하였다. 덩이쇠는 대개 열 개를 한 묶음으로 꾸러미를 만들었다.

좋은 철기를 만들어 내기까지 해서 더욱 발달하게 되었지. 그것을 보여 주는 것이 덩이쇠란다. 덩이쇠는 철을 네모난 크기로 만든 것인데, 이것이 바로 돈이었어. 옛날에는 오늘날과 같은 돈이 없고 곡식이나 옷감을 돈 대신 사용했는데, 가야에서는 덩이쇠를 돈으로 쓴 거야.

김해는 이처럼 많은 이점을 지닌 지역이었기 때문에 금관가야는 날로 발전했단다. 그리고 마침내는 당시 동아시아의 국제 무역국이 되었지.

【 쇠퇴하는 금관가야 】

금관가야는 동쪽으로는 낙동강, 서쪽으로는 소백산맥을 경계로 하여 곳곳에 번성하던 여러 가야국을 대표하는 나라로 성장했어. 그런데 서기 3, 4세기가 되자 이웃한 백제와 신라가 점차 힘을 키워 강대국이 되었지. 금관가야는 이 두 나라의 영향을 받을 수밖에 없었어.

금관가야에 가장 큰 영향을 끼친 국제적인 사건은 313년에 일어났어. 고구려가 한나라가 세운 낙랑군을 멸망시키고 한반도에서 한나라 세력을 몰아낸 거야. 그동안 낙랑군을 통해 중국의 문물을 전해 받던 금관가야는 큰 타격을 받았지. 금관가야는 서해를 건너 중국 대륙과 직접 교역하는 길을 찾는 동시에 고구려에 대해서는 두려움을 느끼게 되었어.

396년, 고구려의 광개토 대왕이 한강 유역의 지배권을 차지하기 위해 백제로 쳐들어갔어. 고구려의 기습 공격에 도읍을 함락당한 백제의 아신왕은 항복할 수밖에 없었지. 겉으로는 항복했지만, 아신왕은 다시 힘을 모아 고구려에 맞서겠다고 속으로 별렀지. 그래서 가야와 왜를 끌어들여 삼국 연합군을 형성했어. 금관가야는 낙동강을 경계로 국경을 직접 맞대고 있는 신라에 맞서기 위해 신라와 앙숙인 백제와 동맹을 맺었지.

백제·가야·왜의 삼국 연합군은 날로 커져 가는 고구려와 맞서려면 신라를 꺾어 더 큰 세력을 이루어야 한다고 뜻을 모으고 먼저 신라로 쳐들어가기로 했어. 마침내 400년, 삼국 연합군이 신라의 도읍을 공격하자 위험에 처한 신라는 고구려에 지원을 요청했어. 당시 고구려는 백제와 맞서고 있던 상황이어서 기꺼이 신라를 돕겠다고 나섰지.

광개토 대왕은 신라에 5만 병력을 보냈어. 막강한 고구려군은 김해 지역의 금관가야까지 쳐들어가 삼국 연합군을 물리치고 가야 땅을 짓밟아 버렸어. 금관가야는 엄청난 타격을 받고 나라가 휘청거릴 지경이 되었지. 그 뒤로 금관가야의 기세는 꺾이고 말았어. 금관가야를 따르던 다른 가야국들도 이제 더 이상 금관가야를 자기들의 대표로 여기지 않았지.

위기에 빠진 가야국들을 구해 줄 또 다른 가야가 성장하고 있었는데, 그것은 바로 대가야였단다.

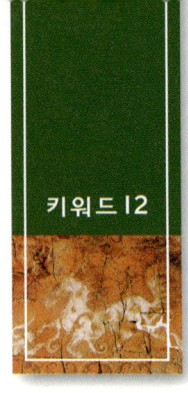

키워드 12 **대가야**

가야가 고대 국가로 성장하지 못한 이유

고구려·백제·신라는 연맹 왕국에서 출발하여 점차 고대 국가로 성장해 갔어. 하지만 금관가야는 가야 연맹을 대표하는 위치에까지 오르다가 중간에 기세가 꺾이고 말았지. 그 뒤를 이은 대가야 또한 가야 연맹을 고대 국가로 성장시키지는 못했어. 가야의 문물은 다른 나라들에 견주어 결코 뒤떨어지지 않았어. 그런데도 가야가 더 크게 성장하지 못하고 꺾인 이유는 무엇일까?

【 대가야의 이진아시왕 신화 】

김수로왕이 세운 금관가야는 세월이 흐르면서 점점 힘이 기울었어. 그 대신 고령 지방에서 일어난 대가야가 두드러지게 발전하기 시작했지. 그런데 대가야에는 또 다른 건국 신화가 전해 내려오고 있어.

가야산에는 정견모주라는 여자 신이 있었어. 정견모주는 하늘 신인 이비가지와 통하여 아들 둘을 낳았어. 큰아들 뇌질주일은 대가야의 이진아시왕이 되었고, 작은아들 뇌질청예는 금관가야의 수로왕이 되었다는구나.

이것은 김수로왕 신화와는 전혀 다르지. 아마도 대가야가 금관가야를 누르고 세력이 더 커지자 자신들의 시조를 김수로왕보다 높이 떠받들기 위해 지어낸 이야기일 거야.

그런데 이진아시왕은 김수로왕과는 달리 밖에서 이주해 온 인물이 아니라 그 지역의 산신에게서 태어난 인물이야. 따라서 대가야는 먼 곳에서 이주해 온 세력이 아니라 토박이 세력이 힘을 키워 세운 나라였다는 사실을 알 수 있지.

【 금관가야의 뒤를 이은 대가야 】

대가야는 오늘날의 경상북도 고령 지방에서 일어났어. 고구려군의 발길이 미치지 못했던 내륙 지방이라는 점이 유리하게 작용했지.

대가야 지역은 바닷길과는 떨어져 있지만 철광산이 많았어. 당시 한반도 전체가 본격적인 철기 시대에 접어들어서 철제 농기구와 무기를 필요로 하는 이들이 많아졌어. 대가야는 질 좋은 철을 재료로 물건을 만들어 그들에게 내다 팔면서 큰 이득을 얻었지.

《 가야의 철제 농기구와 공구 》

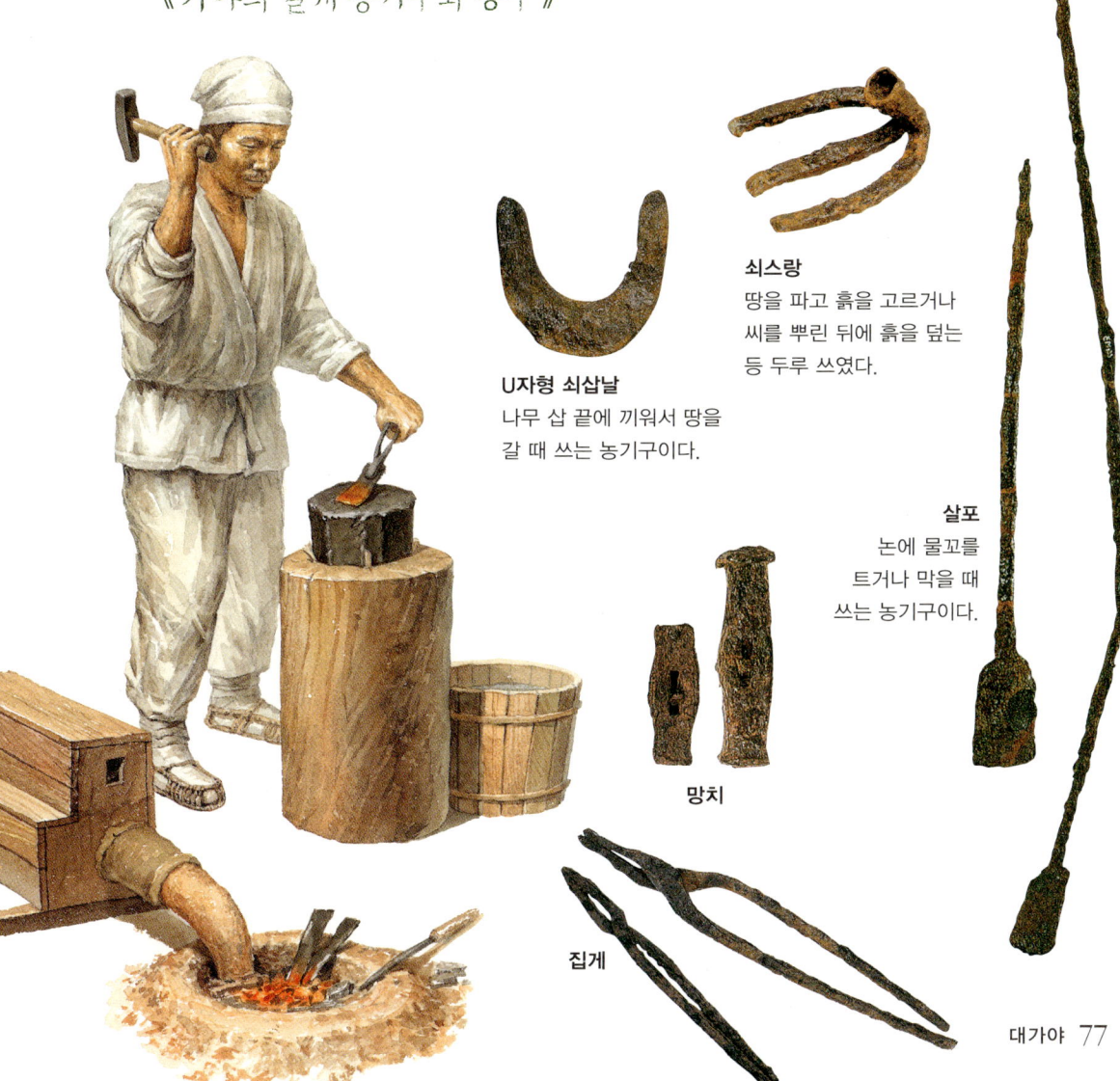

U자형 쇠삽날
나무 삽 끝에 끼워서 땅을 갈 때 쓰는 농기구이다.

쇠스랑
땅을 파고 흙을 고르거나 씨를 뿌린 뒤에 흙을 덮는 등 두루 쓰였다.

살포
논에 물꼬를 트거나 막을 때 쓰는 농기구이다.

망치

집게

'대왕'이라는 글자가 새겨진 목항아리와 가야 금관
'대왕'이라는 글자가 새겨진 목항아리는 대가야에서 대왕의 칭호를 사용했다는 것을 알게 해 주는 중요한 유물이다. 고령 대가야의 옛 무덤에서 출토된 것으로 전하는 금관 또한 대가야의 지위를 가늠해 볼 수 있는 중요한 유물(국보 138호)이다.

 이렇게 성장한 대가야는 오늘날의 대구 지방을 중심으로 작은 나라들을 끌어모아 다시금 가야 연맹을 이루고 연맹의 대표를 맡았지. 대가야는 바로 이 무렵에 자기들이 이전의 금관가야보다 더 뛰어난 나라라는 것을 자랑하기 위해 이진아시왕 신화를 만들어 낸 거란다.

【 강대국 틈바구니에 끼인 가야 연맹 】

하지만 가야 연맹을 되살려 내 이끌던 대가야는 6세기로 접어들면서 신라의 힘에 눌리게 되었어. 당시 신라는 법흥왕과 진흥왕이라는 훌륭한 임금이 나라를 다스려 주변에 크게 힘을 떨치고 있었지. 그 기세에 먼저 금관가야가 눌려 스스로 항복했어. 그 뒤 얼마 안 있어 대가야도 신라 이사부 장군의 공격을 받아 562년에 멸망하고 말았어. 신라는 법흥왕 이후 고대 국가 체제를 갖추었지만 가야는 아직도 연맹 왕국 수준이어서 강대국 신라에 맞설 힘이 부족했지.

 그렇다면 가야 연맹은 왜 고대 국가로 발돋움하지 못했던 걸까? 가장 중요한 이유는 각 가야 나라들의 힘이 서로 대등했다는 데 있었어. 고구려·백

제·신라는 모두 외부에서 이주해 온 강력한 세력이 토박이 세력을 누르고 나라의 발전을 이끌었지. 그러나 가야에서는 금관가야가 지도력을 잃은 뒤 여러 나라가 고르게 발전을 거듭했어. 따라서 어느 한 나라가 나서서 다른 나라들을 정복해 하나의 큰 나라로 통합할 수 없었던 거야.

두 번째 이유는 백제와 신라라는 두 강대국 사이에 끼어 있으면서 항상 이곳 땅을 노리는 이들의 눈초리를 받아야 했다는 점 때문이었어. 가야가 자리 잡은 낙동강은 한반도의 내륙과 통하는 중요한 물길이었어. 또 남해안은 중국과 일본을 잇는 바닷길의 중간 지점이었지. 그래서 그 모든 나라들이 군침을 흘렸던 거야. 가야는 이런 세력들의 간섭 속에서 살아야 했기 때문에 정치적으로 큰 움직임을 보이기가 어려웠지.

가야는 결국 신라에 멸망하고 말았지만, 한반도 남해안에서 독특한 문물을 발전시키고 주변 나라들과 활발하게 교역을 한 중요한 나라였단다.

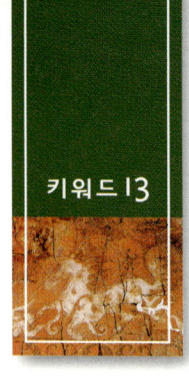

키워드 13 가야 문화

가야의 자존심 드높인 독특한 문화

가야는 김해와 고령 일대를 근거지로 500여 년 동안 번성하며 독특한 문화를 꽃피웠어. 그런데도 오늘날 우리는 가야의 역사와 문화를 잘 모르고 있지. 가야에 관한 기록이 많이 남아 있지 않기 때문이야. 하지만 최근에 가야 지역에서 많은 무덤이 발견되고 가야의 독특한 철기와 토기가 발굴되면서 가야 문화의 실체가 점차 드러나고 있단다.

【 가야의 독특한 굽다리 접시 】

가야의 유물 가운데 가장 눈에 띄는 것은 토기란다. 고대 사람들은 음식을 담거나 요리하는 그릇인 토기를 소중하게 여겼어. 그래서 사람이 죽으면 관 속에 토기를 넣어 주었지. 덕분에 오늘날 당시의 무덤을 발굴하면 다른 무엇보다도 토기가 많이 발견되는 거야.

그런데 가야는 낙동강을 경계로 신라와 마주하고 있었기 때문에 문물이 신라와 비슷한 점이 많았어. 토기도 마찬가지였지. 얼핏 보면 가야와 신라의 토기는 크게 다르지 않은 것 같아. 하지만 자세히 살펴보면 차이점을 발견할 수 있단다.

가야와 신라 토기의 특징은 토기에 대개 굽다리가 붙어 있다는 점이야. 굽다리에는 삼각형 또는 사각형 모양

신라의 굽다리 접시   가야의 굽다리 접시

80

의 구멍이 2단으로 뚫려 있어. 그런데 신라 토기의 굽다리에 뚫린 구멍은 단에 따라 엇갈려 있는 반면, 가야 토기의 굽다리에는 아래위 단에 가지런하게 뚫려 있는 경우가 많아. 오늘날 옛 무덤을 발굴해 보면 낙동강 동쪽에서는 신라 모양, 서쪽에서는 가야 모양의 굽다리 접시가 발견되고 있어. 이를 통해서도 낙동강이 가야와 신라의 국경선이었다는 것을 알 수 있지.

신라의 목항아리

가야의 목항아리

가야 토기의 또 다른 특징은 항아리에 있어. 신라 항아리는 목과 몸통의 연결 부분에 각이 져 있지만, 가야 항아리는 목에서 몸통으로 연결되는 부분이 부드러운 곡선으로 처리돼 있어. 또 신라 항아리는 아래에 조그만 굽다리가 붙어 있지만, 가야 항아리에는 굽다리가 없고 별도의 그릇받침을 만들어 그 위에 항아리를 올려놓았어. 뚜껑이 따로 있는 것도 많아.

이렇게 보면 가야의 토기가 신라 토기보다 고급스럽고 세련된 느낌을 주지. 아마도 가야 전성기 때의 토기 제작 기술이 신라보다 뛰어났기 때문일 거야.

그 밖에도 가야 사람들은 손재주를 살려 모양이 다양한 그릇을 만들었어. 그중에는 말을 탄 무사 모양을 한 것도 있어. 이것을 바탕으로 오늘날 우리는 가야 병사의 모습을 그대로 그려 낼 수 있게 되었지.

말 탄 무사 모양 토기 뿔잔 2개가 달려 있고 말은 갑옷을 입고 있으며, 무사는 방패와 창을 들고 있다. 국보 275호.

가야의 토기

가야 사람들은 독특한 모양과 문양으로 토기를 만들었다. 특히 생활에서 쓰이는 도구와 집, 배 등을 본뜬 토기를 많이 만들어 의례나 장례에 사용했다. 토기는 가야 사람들이 어떻게 살았는지를 알려 주는 귀중한 유물이다.

수레바퀴 모양 토기
고대의 수레바퀴 모양을 알려 주는 토기로, 특이한 생김새로 보아 의례에 썼던 것으로 여겨진다. 보물 637호.

집 모양 토기
다락방이 있는 이층집이다. 굴뚝이 있는 것으로 보아 집 안에 아궁이가 있다는 것을 알 수 있다.

창고 모양 토기
곡식이나 음식물을 보관하는 창고를 본떠 만든 것이다. 가야에서는 습기나 짐승을 피하기 위해 창고를 평지보다 높게 지었다.

짚신 모양 토기
가야 사람들의 신발 모양을 추측해 볼 수 있는 토기이다. 오늘날의 짚신과 크게 다르지 않다.

화덕 모양 토기
불에 닿는 화덕 위에 물 끓이는 항아리가 올려져 있고, 그 위에는 시루가 얹혀 있다.

화로 모양 토기
불씨를 보존하거나 난방을 위해 화로를 사용했을 것으로 짐작된다.

배 모양 토기
죽은 사람의 영혼을 저승 세계로 인도하는 신앙의 표현으로 만든 토기이다. 가야의 배 모양을 짐작해 볼 수 있다.

원통 모양 그릇받침
가야와 신라에서는 밑바닥이 둥근 항아리를 많이 만들었다. 따라서 이를 받칠 수 있는 그릇받침과 굽다리를 붙인 토기가 발달했다.

집 모양 토기, 배 모양 토기, 짚신 모양 토기도 있어. 모두 실물을 그대로 본떠서 만들었기 때문에 가야 사람들이 어떻게 살았는지 짐작해 볼 수 있단다.

【 가야 철기가 최고 】

가야에서는 철이 많이 생산된 만큼 철로 만든 제품들이 많았어. 철은 강하고 재질이 단단해서 주로 무기와 농기구를 만드는 데 썼지. 철로 만든 화살촉, 창날, 칼은 아주 강해서 다른 나라들에서도 인기가 많았다고 해.

무기 가운데 특히 눈에 띄는 것은 철제 갑옷이야. 몸의 굴곡에 맞추어 철판을 가공해서 이어 붙인 것을 판갑옷이라고 하는데, 병사가 활동하기 편하도록 두께를 얇게 하는 것이 기술이었지. 또 병사의 활동을 더욱 편하게 하기 위해 얇은 철판 조각을 물고기 비늘처럼 덧댄 미늘 갑옷도 있었어. 병사의 머리를 보호하기 위한 철제 투구도 만들었지. 심지어 말을 보호하기 위해서 말 투구와 갑옷까지 철로 만들었단다.

판갑옷 철판을 얇게 펴서 이어 붙여 만든 판갑옷을 재현한 것이다.

미늘 갑옷 병사들이 활동하기 편하게 물고기 비늘처럼 작은 철판을 촘촘하게 이어서 만든 미늘 갑옷을 재현한 것이다.

가야의 무기와 병사

가야에서는 질 좋은 철이 많이 생산되어 철제 농기구는 물론 칼과 창 등 여러 가지 철제 무기를 만들어 냈다. 가야는 사람뿐 아니라 말에게 입히는 갑옷까지 철로 만들 만큼 철이 풍부하고 제철 기술이 뛰어난 '철의 왕국'이었다.

화살촉

투구
여러 개의 철판에 못을 박아 이어서 만든 투구이다.

판갑옷
철판을 세로로 이어 만든 판갑옷이다. 가슴 부위에 있는 고사리 문양 장식이 돋보이는 가야의 대표적인 판갑옷이다.

목 가리개

판갑옷
여러 가지 형태의 철판을 가로로 이어 붙여서 만든 판갑옷이다.

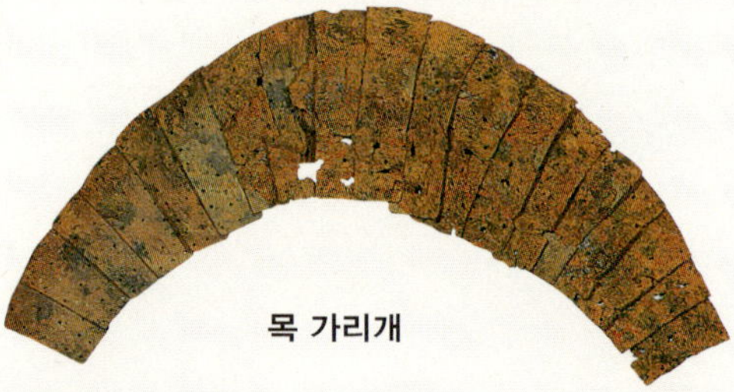

말 머리 가리개

말 갑옷
경상남도 함안군에 있는 무덤에서 출토되었다. 길이가 2미터 30센티미터에 이르고, 우리나라에서 유일하게 온전한 형태로 출토된 말 갑옷이다.

봉황무늬 고리 자루 큰칼과 고리 자루 큰칼

깃대 장식
깃발을 다는 깃대에 쓴 장식이다. 위쪽에 삼각형 구멍을 내고 떼어 낸 조각을 매달아 소리가 나게 했다.

투겁창
긴 투겁 속에 자루를 끼워 쓰는 창. 적을 찌르는 데 쓰는 무기이다.

가지창
끝이 두 가닥으로 갈라진 창이다. 적을 찌르는 데 쓰는 무기이다.

곡도와 낫
낫과 비슷한 곡도는 가야 지역에서만 출토되는 보기 드문 무기로, 아주 위협적이다. 낫은 농기구로도 쓰지만, 긴 자루를 달아 적을 말에서 끌어내리는 데 쓰인 무기이기도 하다.

출토 유물로 재현한 가야 병사들

이렇게 철을 떡 주무르듯 자유자재로 다루는 가야 사람들의 손재주는 그 무렵 주변 여러 나라에 널리 알려졌어. 그래서 가야는 곧 '철의 나라'로 여겨졌지. 실제로 가야 사람들은 쇠뭉치를 돈으로 쓰기도 했으니, 글자 그대로 철의 나라였던 셈이야.

【 예술의 나라 가야 】

물자가 풍부했던 가야에서는 풍요로움 속에서 여러 분야의 예술가들이 활동했어. 그 가운데 우륵이라는 음악가가 있었어. 가야의 왕은 우륵에게 "중국에는 악기가 있는데 우리에게는 악기가 없으니 우리의 악기를 만들도록

탄금대와 가야금 탄금대는 충주시 남한강 가에 있는 곳인데, 우륵이 신라로 망명한 뒤 이곳에서 제자들을 가르치며 가야금을 탔다고 하여 탄금대라는 이름이 붙었다.

하라."는 명령을 내렸어. 우륵은 왕의 명령을 받아 새로운 현악기를 만들었단다.

안타깝게도 우륵이 그 악기를 만들어 낼 즈음 가야는 세력이 날로 기울고 있었어. 그래서 우륵은 음악 활동을 계속하기 위해 신라로 망명하기로 결심했지. 신라의 진흥왕은 그를 반갑게 맞아들이고 충주에 살게 하면서 제자들을 가르치게 했어. 신라에서는 우륵이 가져온 악기를 '가야의 현악기'라는 뜻에서 '가야금'이라고 이름 붙였어. 우륵은 제자들에게 가야금 연주법은 물론 춤과 음악을 두루 가르쳤단다.

진흥왕은 가끔 충주에 들러 우륵의 가야금 연주를 감상했대. 우륵은 가야금을 처음 만들었을 때 가야의 12개 지방에서 불리던 민요를 모아서 가야금으로 연주할 수 있는 악보를 만들었어. 신라에 와서도 그것을 더욱 다듬었는데, 진흥왕이 그 연주를 듣고는 크게 감탄했다고 해. 당시 우륵이 가야금을 연주하던 정자를 '가야금을 뜯는 정자'라는 뜻에서 '탄금대'라고 이름 붙였는데, 지금도 남아 있단다.

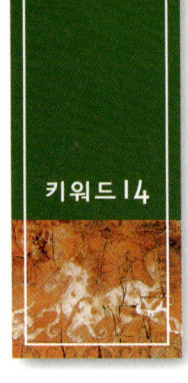

키워드 14   **임나일본부**

일본이 가야를 지배했다고?

한때 일본의 일부 역사학자들은 일본이 4세기 중반부터 6세기 중반까지 200년 동안 한반도의 가야 땅에 임나일본부라는 관청을 두고 가야를 지배했다고 주장했어. 우리로서는 자존심이 상하는 이야기지. 그런데 단지 기분이 좋고 나쁜 것을 떠나 이 주장은 사실에 바탕을 두고 있지 않다는 점이 문제란다.

『일본서기』에만 나오는 임나일본부

일본의 역사학자들이 임나일본부가 실제로 있었다고 주장하면서 주로 근거로 내세우는 것은 『일본서기』라는 역사책이야.

『일본서기』에 따르면 왜는 369년 가야 지역에 군대를 출동시켜 점령한 뒤 그곳에 임나일본부를 두었대. 가야를 다른 말로 '임나'라고도 했기 때문이지. 이렇게 임나일본부를 중심으로 약 200년 동안 한반도 남부를 지배하다가, 562년 신라가 가야 연맹을 점령하면서 임나일본부 시대도 끝났다는 거야.

이 주장은 많은 문제점을 안고 있어. 우선 같은 시기를 기록한 우리나라의 『삼국사기』나 『삼국유사』에는 '임나일본부'라는 말이 한 마디도 없어. 그도 그럴 것이 『일본서기』는 720년에 쓰여졌고, 4세기는 아직 '일본'이라는 말이 만들어지기 전이거든.

광개토 대왕 비문을 어떻게 해석할 것인가

그런데 일본 사람들에게 좋은 구실이 생겼어. 고구려의 광개토 대왕 비문에 자기들의 주장을 뒷받침할 내용이 들어 있다는 것을 발견한 거야. 문제의 비문은 이렇게 쓰여 있었지.

倭以辛卯年來渡海破百殘○○○羅以爲臣民以六年丙申王躬率水軍討伐殘國

이 한문을 일본 학자들은 이렇게 끊어서 번역했어.

倭以辛卯年來渡海(왜이신묘연래도해)
왜가 신묘년에 바다를 건너와

破百殘○○○羅以爲臣民(파백잔○○○라이위신민)
백제와 ○○(신)라를 쳐서 신하로 삼았다.

以六年丙申王躬率水軍討伐殘國
(이육년병신왕궁솔수군토벌잔국)
이에 (영락) 6년에 (광개토) 왕이 몸소 수군을 이끌고 백제를 토벌하였다.

이것은 391년에 일어난 일을 기록한 것인데, 이에 따르면 이때 왜가 백제와 신라를 공격해 신하 나라로 삼았다는 말이지. 그 정도 기세라면 가야에 임나일본부를 세우는 것쯤은 일도 아니었다는 얘기야.

우리나라 학자들은 여기에 반박했어. 무엇보다도 당시 동아시아 나라들의 발달 수준을 보면, 중국이 가장 높았고 다음이 한반도의 삼국이었고 왜는 가장 뒤떨어져 있었거든. 그런데 어떻게 가장 뒤떨어진 왜가 선진국들을 공격해 점령할 수가 있느냐는 것이었지. 이런 생각에서 우리나라 학자들은 위의 비문을 다르게 해석했어.

倭以辛卯年來
왜가 신묘년에 (공격해) 오니

渡海破
(고구려가) 바다를 건너가 격파했다.

百殘○○○羅以爲臣民
백제가 (신)라를 ○○해 신하로 삼으니

以六年丙申王躬率水軍討伐殘國
(영락) 6년에 (광개토) 왕이 몸소 수군을 이끌고 백제를 토벌하였다.

이 해석에 따르면 왜군이 공격해 왔으나 고구려가 물리쳤고, 고구려 편인 신라를 백제가 공격해 오자 백제도 혼내 주었다는 얘기지. 광개토 대왕 비문이라는 건 어디까지나 광개토 대왕의 업적을 기리기 위해 세운 것이므로 이렇게 해석하는 게 자연스럽다는 주장이야.

【 임나일본부는 왜의 사신들이 묵었던 곳 】

어느 쪽 해석이 올바른지에 대해서는 오늘날까지도 논의가 계속되고 있어. 하지만 오늘날 위와 같은 일본 학자들의 주장에 찬성하는 이들은 일본 안에서도 아주 적어. 왜냐하면 그러한 주장은 지난 1910년 일본이 우리나라를 지배하면서 자신들의 침략을 정당화하기 위해 의도적으로 만들어 낸 것이라는 의심을 받고 있기 때문이지. 한마디로 1910년에 일본이 한반도를 집

일본 대마도의 하치만구 신사 신공 황후를 모시는 일본 신사이다. 아직도 일본에는 신공 황후가 배를 타고 한반도 남해안으로 건너가 임나를 정벌했다고 적고 있는 역사책이 많다.

어삼키면서 '옛날에도 우리가 지배한 곳이니 다시 지배하는 것도 이상할 게 없다.'는 속셈을 담고 있는 주장에 불과하다는 거야.

하지만 720년에 쓰여진 오래된 역사책 『일본서기』의 곳곳에 구체적으로 기록되어 있는 '임나일본부'를 무조건 거짓으로만 몰아붙이는 것도 올바른 태도는 아니란다. 아마도 그와 이름이 비슷한 어떤 관청이 있었던 것은 사실일 거야. 그 무렵 가야는 국제 무역의 중심지였고, 일본은 이곳을 통해 선진국들의 발달한 문물을 받아들이고 있었지. 그래서 일본에서는 가야에 사신들을 보내 교역이 원활하게 진행되도록 돕게 했는데, 그 일본 사신들이 머무르던 곳이 임나일본부였을지도 몰라.

현재 우리나라와 일본의 역사학자들은 당시에 실제로 무슨 일이 있었는지를 여러 분야에서 연구하고 있단다. 그러니 각각 자기들 나라에 유리한 쪽으로 치우치지 않고 서로 마음을 열고 함께 연구하면 언젠가는 사실이 밝혀질 거야.

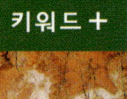

키워드 +   사국 시대

삼국 시대인가, 사국 시대인가

    삼국 시대는 고구려·백제·신라 삼국이 서로 경쟁하며 발전하던 시대를 말해. 시기로 보면 삼국이 건국되던 기원전 50년 무렵부터 신라가 고구려를 멸망시키고 삼국을 통일하는 668년까지 약 700년 동안을 가리키지.

    그런데 이 시기에 빠진 나라가 있단다. 바로 가야라는 나라지. 가야도 삼국과 비슷한 시기에 건국해서 562년 멸망할 때까지 삼국과 당당하게 어깨를 겨루며 성장했던 나라야. 게다가 멀리 중국·일본과 교역한 국제적인 나라이기도 했어. 그럼에도 가야는 쏙 빼고 삼국 시대라고 하는 것은 문제가 있지 않을까?

    삼국 시대에 이를 때까지 우리나라 역사를 크게 한번 훑어보면 다음과 같아.

    우리 민족은 만주와 한반도에 터전을 잡은 뒤 최초의 나라 고조선을 세웠어. 고조선은 한때 중국의 강대국 한나라와 어깨를 겨루며 동아시아 문화를 이끌었지. 하지만 기원전 108년 한나라에 멸망하고 말았어.

    고조선이 멸망한 뒤 우리 민족은 여러 곳으로 흩어져 작은 나라들을 세웠어. 먼저 만주와 한반도 북부 지방에서는 부여·옥저·동예를 세웠고, 한반도 남부 지방에서는 마한·진한·변한을 세웠어. 이렇게 여러 나라로 분열되어 있었다고 해서 이 시기를 열국 시대라고 부르는 사람도 있단다.

    기원전 50년 무렵부터 이러한 열국 시대가 끝나고 몇몇 강한 나라들이 고대 국가로 성장해 가는 시대가 시작되었어. 만주와 한반도 북부의 나라들은 고구려로 통합되어 갔지. 그런데

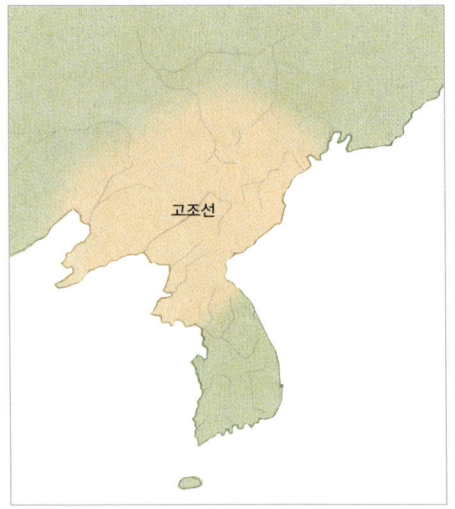

기원전 1000년 무렵

기원전 2세기~1세기 무렵

부여만은 조금 특별했어. 부여는 고대 국가로 성장하지 못하고 연맹 왕국에 머물렀지만 494년까지 살아남았거든. 반면에 한반도 남부에서는 삼한이 그대로 삼국으로 이어졌어. 마한은 백제로, 진한은 신라로, 그리고 변한은 가야로 성장했지.

이렇게 보면 기원 전후 무렵부터 500년 무렵까지는 고구려·부여·백제·신라·가야의 오국 시대가 되어야 해. 부여가 멸망한 이후는 사국 시대가 되어야 하고. 그리고 가야가 멸망한 562년부터 백제가 멸망한 660년까지 98년 동안이 정확하게 삼국 시대가 되어야겠지.

그렇지만 역사를 열국 시대 – 오국 시대 – 사국 시대 – 삼국 시대 순으로 잘게 나누는 것은 어찌 보면 우스운 일일 거야. 또 그렇게 잘게만 나누다 보면 전체를 바라보기 어려워져서 역사가 더욱 복잡하게 여겨질 테고.

그럼에도 마한·진한·변한의 삼한이 각각 백제·신라·가야로 바뀌었을 때 가야가 다른 두 나라보다 결코 뒤떨어진 나라가 아니었다는 것만은 사실이야. 가야는 뛰어난 철기 제작 기술을 바탕으로 국제 교역에서 큰 역할을 하며 성장했어. 가야의 토기도 백제, 신라와 다른 뚜렷한 개성을 드러내고 있어. 이는 가야의 문화가 다른 문화와 당당히 어깨를 겨루는 높은 수준이었음을 보여 주는 것이지.

오늘날 우리가 삼국 시대라고 부르는 것은 고려 시대에 김부식과 일연이 각각 『삼국사기』와 『삼국유사』라는 역사책을 쓰면서 당시를 '삼국 시대'라고 썼기 때문이야. 가야는 신라에 흡수되었기 때문에 따로 구별할 필요가 없다고 생각한 거지. 그 생각이 조선 시대를 거쳐 오늘날에 이를 때까지 800년 동안 굳어진 거야. 그래서 좀처럼 그것을 바꾸기가 쉽지 않은 거란다. 하지만 그 시대를 어떻게 부르는가에 관계없이 가야라는 나라가 자신만의 독특한 문화를 일구어 우리 역사에 크게 기여했다는 사실만은 잊지 않았으면 좋겠구나.

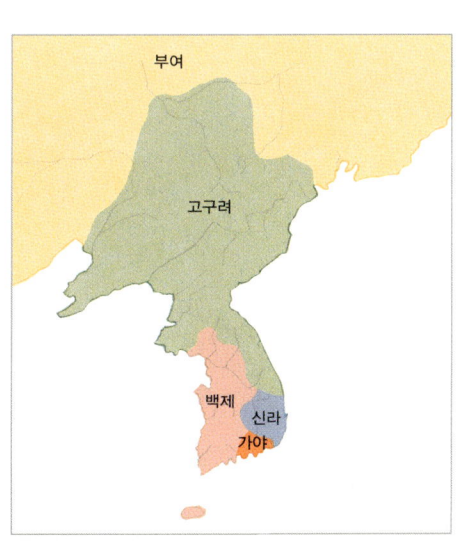

4세기 무렵

3 통일 신라

신라는 삼국을 통일했다는 자부심을 갖고 우리 민족 문화의 원류를 만들어 나갔어. 신라 문화의 힘이 얼마나 대단했는지는 서역 나라에서 당나라의 도읍까지만 이어져 있던 비단길이 신라의 도읍까지 연장된 것만 봐도 알 수 있단다. 불국사, 석굴암 같은 훌륭한 건축물도 삼국 통일을 이루고 난 뒤 만들어졌지. 신라는 이렇게 삼국 통일 후 절정기를 누리며 화려한 문화의 꽃을 피웠단다. 하지만 신라의 태평성대는 그리 오래가지 못했어. 왜 그랬을까?

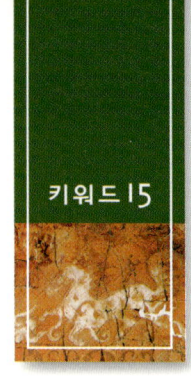

키워드 15　문무 대왕

죽어서도 나라를 지키련다

경주 동쪽에는 토함산이 있어. 토함산을 넘어가면 동해인데, 그곳에 감포라는 작은 포구가 있지. 그리고 이 포구 앞바다에는 대왕바위라는 작은 바위섬이 있어. 바로 여기가 문무 대왕의 무덤이야. 무덤은 바위로 둘러싸인 물속에 있단다. 보통 무덤은 땅에 있는데 물속에 무덤이 있다니, 참 이상하지? 문무 대왕은 왜 남다르게 동해 바닷속에 묻힌 걸까?

【 백제와 고구려의 부흥 운동을 진압하다 】

문무 대왕은 신라의 삼국 통일을 이룬 왕이야. 일생 동안 전쟁을 하며 나라를 위기에서 구하고 드디어 평화로운 시대를 연 왕이지.

문무 대왕은 태종 무열왕의 맏아들로, 661년 왕위에 올랐어. 백제가 멸망한 이듬해였지. 의자왕이 항복하면서 백제는 멸망했지만, 그것으로 끝이 아니었어. 붙잡히지 않고 살아남은 백제의 왕족과 귀족들이 백제를 되살리기 위해 끈질기게 노력했거든.

백제를 다시 일으켜 세우려던 핵심 인물은 백제의 장군이었던 복신과 흑치상지, 승려 도침이었어. 그들은 왜에 머물고 있던 의자왕의 아들 부여풍을 모셔 와 오늘날의 전라북도 부안 부근에 있는 주류성을 근거지로 삼아 백제 왕조를 다시 일으키려고 했어.

문무 대왕은 이들을 그대로 두었다가는 정말로 백제가 다시 일어날지도 모른다고 생각했어. 그래서 김유신 장군 등을 시켜 주류성을 공격해 이들을 무찌르게 했어. 한편으로는 당나라가 백제의 왕자 부여융을 웅진 도독

대왕바위 경주시 양북면 감포 앞바다에 있는 문무 대왕의 무덤. 자신을 동해에 묻으면 용이 되어 동해로 침입하는 왜(일본)를 막겠다는 문무 대왕의 유언에 따라 바닷속에 장사 지냈다고 한다.

으로 삼아 백제 땅을 지배하려고 하자, 문무 대왕은 당나라의 속셈이 못마땅했지만, 백제 부흥 운동을 뿌리 뽑는 것이 먼저라고 생각해서 부여융과 손을 잡기도 했단다.

　이렇게 문무 대왕은 백제 부흥 운동을 진압하는 한편, 마지막 남은 삼국 통일의 숙제인 고구려 정벌을 서둘렀어. 그래서 마침내 668년 나·당 연합군이 평양성을 함락하고 고구려의 보장왕에게서 항복을 받아 냈지. 그러나 이것으로도 끝이 아니었어. 고구려의 귀족 출신 검모잠이 보장왕의 아들 안승을 왕으로 세우고 고구려 부흥 운동을 펼치기 시작했거든. 문무 대왕은 갑옷을 벗을 새도 없이 이들을 무찌르기 위해 전장을 누비고 다녀야 했어.

　때마침 고구려 부흥군 내부에서 싸움이 일어나 안승이 검모잠을 죽였다는 소식이 들려왔어. 문무 대왕은 안승에게 사신을 보내, 항복하면 고구려 땅을 다스릴 권한을 주겠다고 제안했어. 그랬더니 안승이 기꺼이 항복해 왔지. 문무 대왕은 안승을 지금의 전라북도 익산에 머물게 하며 고구려 왕의 칭호를 내려 주었어.

【 나·당 전쟁을 승리로 이끌다 】

백제에 이어 고구려까지 물리치고 나니 이제 삼국 통일이 이루어진 듯했지. 하지만 마지막 남은 상대가 있었어. 바로 동맹을 맺은 당나라야.

당나라는 신라의 힘이 약하다고 보고 삼국의 땅을 통째로 차지할 욕심이었어. 그래서 백제 땅에는 웅진 도독부를, 고구려 땅에는 안동 도호부를 두고, 심지어 신라 땅에까지 계림 도독부를 두려고 했지. 문무 대왕은 당나라의 야망을 꺾어야 진정한 삼국 통일을 이룰 수 있다는 것을 깨달았어. 그래서 이번엔 당나라를 상대로 전쟁을 시작했단다.

당나라는 설인귀 장군을 앞세워 수십만 대군으로 신라를 쳐들어왔어. 문무 대왕은 온 힘을 다해 당나라 군대를 막아 냈지. 특히 675년 당나라 20만 대군이 압록강과 대동강을 건너 신라로 진격해 왔을 때, 신라군은 매소성에서 3만 명의 군사로 이들을 맞아 잘 싸웠어. 당나라는 말을 탄 기병을 주력

문무 대왕릉과 뼈단지 가까이에서 본 문무 대왕의 무덤. 문무 대왕을 화장한 뒤 이곳에 뼛가루를 뿌렸을 것이다. 불교가 신라 사회에 정착되면서 화장이 유행하여 뼛가루를 바다와 강에 뿌리거나 뼈단지에 넣어 무덤을 만들었다.

으로 해서 물밀듯이 쳐들어왔어. 신라군은 이에 대비해 긴 창으로 무장한 병사들이 한군데에 밀집하는 대형을 갖추어 맞섰단다. 마치 가시바늘을 세운 고슴도치 같은 모양이었지. 제아무리 강한 당나라 기병도 이 고슴도치 전법 앞에서는 꼼짝 못하고 당하고 말았어. 20만 대군 대부분이 매소성에서 전사했다는구나.

　매소성 전투에서 승리한 뒤 전세는 신라 쪽으로 기울기 시작했어. 676년에는 당나라의 설인귀가 해군을 이끌고 기벌포로 쳐들어오자, 20차례에 걸쳐 전투를 거듭한 끝에 결국 당나라를 물리쳤단다. 당나라는 웅진 도독부와 안동 도호부를 모두 중국 땅으로 철수하고 물러갈 수밖에 없었지. 이렇게 해서 신라는 대동강에서 원산만에 이르는 국경선을 확정하고 삼국 통일을 완수했단다.

【죽어서도 왜를 막겠다】

삼국 통일을 이루었지만 문무 대왕은 여전히 마음을 놓을 수 없었어. 마지막으로 동해 바다 건너에 왜라는 적이 또 남아 있었기 때문이야. 이전에도 왜는 신라로 자주 쳐들어왔어. 또 백제나 가야와 손잡고 쳐들어오기도 했지. 그래서 신라는 늘 왜에 대해 경계심을 품고 있었단다.

　문무 대왕은 부처님에게 왜가 쳐들어오는 것을 막아 달라고 비는 마음으로 동해 바다가 내려다보이는 언덕에 감은사라는 절을 짓기도 했어. 그리고 죽기 전에는 자신이 죽으면 화장해서 동해에 장사 지내 달라고 유언을 했단다. 죽어서도 왜로부터 나라를 지키겠다는 뜻이었지. 그래서 바다 건너 왜를 바라보는 감포 앞바다에 문무 대왕릉이 만들어진 거란다.

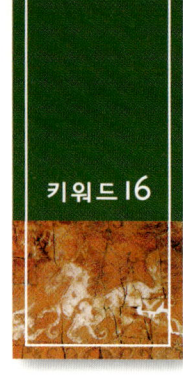

키워드 16 **안압지**

이보다 더 좋을 순 없다

신라의 도읍이었던 경주에는 많은 유적이 있지만, 그중에서도 가장 아름다운 곳은 바로 안압지란다. 안압지는 문무 대왕이 삼국 통일을 이룬 기념으로 만든 연못이야. 작은 연못이 아니라 연못가 어디에서 보아도 연못 전체가 다 보이지 않을 만큼 커다란 인공 호수지. 오늘날 안압지에서 발굴된 유물들을 보면 삼국 통일을 이룰 무렵 신라 사람들이 어떻게 살았는지 알 수 있단다.

【 삼국의 기술을 총동원한 안압지 공사 】

신라가 백제와 고구려를 무너뜨리고 당나라와 벌인 전쟁도 승리로 마무리할 무렵, 문무 대왕은 삼국 통일이라는 큰일을 이루어 낸 기쁨을 온 백성들과 함께하기 위해 궁성 안에 안압지를 만들었어. 또 이곳에 동궁을 지어 자신의 대를 이을 왕자를 머무르게 했지. 이처럼 안압지는 특별한 뜻이 담긴 연못이었단다.

　동궁은 연못의 남서쪽에 지었어. 동궁에 이어진 연못가는 직선으로 만들었지만 동궁에서 건너다보이는 연못가는 직선이 아니라 자연 지형처럼 들쭉날쭉하게 하여 사람이 만든 느낌이 나지 않게 했어. 크고 작은 섬도 세 개나 만들어 놓았지.

　동궁에서 연못을 바라보면 연못 끝이 어딘지 모를 정도로 넓어 보여. 아마도 삼국 통일을 이루어 나라의 영토가 엄청나게 커진 것을 표현하려고 한 것 같아.

　사실 신라에는 이렇게 큰 연못을 만드는 전통이 없었어. 큰 연못은 오히려 백제 사람들이 즐겨 만들었지. 도읍 사비성에 궁남지라는 큰 인공 연못을 만든 적이 있거든.

문무 대왕은 왕이 되기 전에 군인으로서 백제의 사비성 함락 작전에 참가한 적이 있는데, 아마도 사비성을 점령한 뒤 궁남지를 보았을 거야. 그때 궁남지의 아름다움에 감명 받은 문무 대왕이 왕위에 오른 뒤 백제의 기술자들을 경주로 데려와 궁남지와 비슷한 연못을 만들게 했겠지.

인공 연못을 만들려면 연못가에 돌로 축대를 쌓아야 했어. 그런데 돌로 벽을 쌓는 것은 고구려 사람들의 특기였지. 문무 대왕은 고구려의 평양성을 점령했을 때 그들이 쌓은 튼튼한 성벽을 보고 감탄했을 거야. 그래서 그 기술자들을 경주로 데려와 성 쌓는 일을 맡겼을 테지. 그래서 안압지에 쌓은 축대는 그 솜씨가 고구려 성벽을 쌓은 기술과 비슷해. 문무 대왕이 고구려 기술자들에게 연못 축대 공사를 맡겼던 게 틀림없을 거야.

안압지 신라 시대에는 동궁을 임해전이라 불렀기 때문에 처음에는 임해전지라 했지만, 신라가 멸망한 뒤 폐허가 된 이곳에 기러기와 오리가 날아드는 것을 보고 안압지라 이름 붙였다.

이와 같이 안압지는 삼국의 기술을 모두 합쳐서 만들었어. 그러니까 안압지는 건축 기술의 삼국 통일을 잘 보여 주고 있는 셈이지.

【 신라 사람들의 생활사 박물관, 안압지 】

안압지는 삼국 통일을 이룬 신라 사람들의 생활이 얼마나 풍요로웠는지도 보여 준단다. 특히 안압지 옆에 세웠던 동궁 터에서 나온 유물들을 들여다 보면 잘 알 수 있어.

먼저 동궁 건물의 지붕에 얹은 기와 한 장도 예사롭지 않게 만들었어. 수막새 기와의 둥근 면에는 연꽃무늬를 새겨 넣고, 처마 끝은 악귀를 쫓는 귀신무늬를 새긴 기와로 장식했지. 건물과 건물 사이 난간에는 금동 장식을 달아 화려하게 꾸미고 기왓장 하나, 난간 장식 하나에도 정성스레 무늬를 새겨 넣은 것은 그만큼 삶이 여유롭고 풍족했다는 것을 말해 준단다.

이곳에서 잔치를 벌일 때면 온갖 진수성찬을 차려 놓고 가야금 연주를 들으며 즐겼지. 특히 신라 사람들은 술자리에서 재미있는 놀이를 하면서 낯선 손님들과 서먹했던 마음을 풀고 금세 친해졌어. 그 가운데 하나가 주사위 놀이야. 주사위를 던져 윗면에 나온 벌칙을 따르는 놀이였지. 벌칙에는 '술 석 잔을 단숨에 마시기', '노래 부르고 술 마시기', '음악 없이 춤추기', '얼굴을 간질여도 꼼짝 않기', '두 사람이 잔을 들어 서로 팔을 걸치고 술 마시기' 등이 있었어. 놀랍게도 오늘날 어른들이 술자리에서 하는 놀이와 별로 다르지 않지?

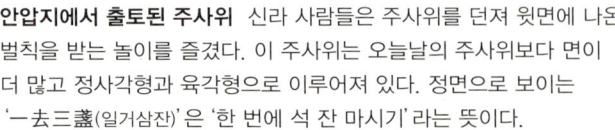

안압지에서 출토된 주사위 신라 사람들은 주사위를 던져 윗면에 나온 벌칙을 받는 놀이를 즐겼다. 이 주사위는 오늘날의 주사위보다 면이 더 많고 정사각형과 육각형으로 이루어져 있다. 정면으로 보이는 '一去三盞(일거삼잔)'은 '한 번에 석 잔 마시기'라는 뜻이다.

신라 사람들의 생활

동궁이 있던 안압지에서 출토된 유물 중에는 왕족과 귀족들이 일상생활에서 사용하던 물건들이 많아 당시 신라 사람들이 어떻게 살았는지 짐작해 볼 수 있다.

초 심지 자르는 가위
잘린 초 심지가 바닥으로 떨어지는 것을 막기 위해 가윗날 바깥에 반원 모양의 테두리를 세웠다.

짐승 얼굴 무늬 기와와 연꽃무늬 수막새

금동 옷걸이
놀랍게도 오늘날의 옷걸이와 똑같다.

금동 문고리 장식
신라 사람들은 문고리에도 금을 입힐 정도로 집을 화려하게 꾸몄다. 흥덕왕 때에는 금이나 은, 놋쇠 등으로 집을 장식하지 못하게 하는 규정을 만들 정도였다.

찍은무늬 병과 금동 사발
무늬가 새겨진 도장을 토기 표면에 눌러 찍어 문양을 낸 병과, 금동으로 만든 사발이다.

머리빗과 골무

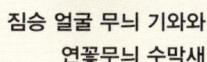

자물쇠

시루

청동 숟가락

풍로 풍로에 숯불을 피워 그 위에 그릇을 얹고 음식을 데운 것으로 보인다.

【국제 무역 도시 경주】

문무 대왕은 안압지에 만든 인공 섬을 동물원으로 삼아 여러 동물을 길렀어. 거기에는 신라에서 자라는 산양, 노루, 사슴 따위도 있었지만, 세계 여러 나라에서 가져온 희귀한 동물들도 있었대. 『삼국사기』나 『일본서기』 같은 역사책에 따르면 멀리 북방에서 가져온 호랑이와 곰을 비롯해 지구 반대편에서 온 낙타, 앵무새, 원숭이도 있었다는구나.

이것을 보면 신라는 이때 이미 세계 여러 나라들과 교류하고 있었다는 사실을 알 수 있지. 특히 경주 일대의 천마총, 황남대총, 금관총 등 신라 옛 무덤에서 발굴된 유리잔이나 유리병 같은 유리그릇은 당시 로마 제국이나 페르시아에서 만들어진 것으로 짐작된단다. 이런 동물들과 물건들은 북방의

신라의 대외교류

신라는 당나라와 교류하면서 당나라를 통해 서역의 페르시아와도 교역했다. 페르시아로 가는 길은 중국 북부의 비단길을 통하는 길과 중국 남부의 바닷길을 통해 동남아시아, 인도를 거쳐 아라비아 반도로 통하는 길이 있었다.

유리그릇 로마 제국에서 쓰던 것들과 비슷하다. 비단길을 통해 신라로 전해졌을 것으로 보인다.

장식 보검 경주시 미추왕릉 지구 고분에서 출토된 이 칼은 5세기 무렵 중앙아시아에서 활약하던 훈족의 것으로 추정된다. 보물 635호.

사리 장엄구 부처님의 사리를 모시는 그릇인데, 사리함의 금장식은 신라의 것이지만 안의 푸른색 유리그릇은 서역 제품이다. 보물 325호.

[신라의 대외 교역로]

거란족이 가져오기도 하고, 중국의 당나라를 통해 들여오기도 했어. 또 어떤 것은 인도에서 남쪽 바닷길을 통해 들여오기도 했지.

경주의 옛 무덤 앞에 세워진 석상들 중에는 신라 사람이 아니라 눈이 움푹 들어가고 매부리코를 가진 서역 사람의 모습을 한 것도 있어. 무덤을 지키는 무인상이 서역 사람과 비슷한 것 또한 신라가 서역과 교류했다는 사실을 알려 주는 것이지.

이러한 사실들을 통해 우리는 삼국 통일 뒤 신라의 도읍 경주가 세계 여러 나라들과 교역하는 국제 무역 도시가 되었음을 알 수 있단다.

옥으로 만든 목걸이 미추왕릉 지구에서 나온 것이다. 가운데 구슬을 확대해 보면 사람 얼굴이 그려져 있는데, 신라 사람이 아니라 서역 사람 모습이다. 보물 634호.

무인상 원성왕릉 앞에 세워져 있는 무인상이다. 코가 크고 눈이 움푹 들어갔으며 턱수염이 많은 것으로 보아 인도나 서역 계통 사람이라는 것을 알 수 있다. 신라에 와서 높은 관직을 맡았던 것으로 보인다.

페르시아 무늬 돌 신라 시대 집터에서 나온 돌조각. 오른쪽 원 안에는 사자가, 가운데 원 안에는 공작 두 마리가 조각되어 있다. 이는 당시 페르시아에서 유행하던 무늬로, 페르시아의 장인이 신라까지 왔다는 것을 짐작하게 해 준다.

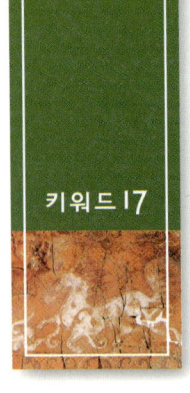

키워드 17 **신문왕**

삼국 통일 이후 무엇이 바뀌었나

신문왕은 삼국 통일을 완수한 문무 대왕의 아들이야. 신문왕이 왕위를 이어받았을 때의 신라는 그가 자라던 어린 시절과는 몰라볼 만큼 달라져 있었어. 무엇보다도 나라의 영토가 이전보다 두 배 이상 넓어져 있었지. 고구려와 백제 백성들까지 합쳐져 인구도 엄청나게 늘었어. 그렇게 불어난 나라를 다스리는 어려운 일이 신문왕 앞에 놓여 있었던 거야.

【 신문왕의 만파식적 이야기 】

신문왕과 관련하여 전해 내려오는 전설이 하나 있단다. '만파식적'이라는 피리 이야기야. 만파식적이란 '만 가지 파도를 잠재우는 피리'라는 뜻이지. 어떤 이야기인지 먼저 들어 볼래?

신문왕이 나라를 다스리던 어느 날, 신하가 헐레벌떡 뛰어오더니 "동해에 작은 산 하나가 떠서 감은사를 향해 왔다 갔다 하옵니다." 하고 아뢰는 거야. 감은사는 아버지 문무 대왕이 동해를 바라보는 언덕에 짓다가 세상을 떠난 뒤 신문왕이 완공한 절이었어.

신문왕이 이상하게 여겨 점술을 보는 신하에게 물어보았어. 그랬더니 "아버님 문무 대왕은 용이 되시고, 김유신 장군은 하늘 신이 되셔서 나라를 지켜 주고 계십니다. 그분들이 임금께 나라를 지킬 용한 보물을 주려고 하는 것이니, 직접 나가 보시기 바랍니다." 하지 않겠어?

신문왕이 감은사 앞 바닷가로 나가 보니 과연 바다에 산 하나가 떠 있지 뭐야. 산은 거북이 머리 모양인데, 그 꼭대기에 대나무가 자라고 있었어. 신

감은사지 3층 석탑 감은사는 삼국을 통일한 문무 대왕이 나라의 위엄을 세우고, 걸핏하면 동해로 쳐들어오는 왜를 부처의 힘으로 막아 내고자 짓기 시작했다. 문무 대왕이 죽은 뒤 신문왕이 682년에 완공했으나, 절은 사라지고 3층 석탑 2기만 남아 있다. 경주시 양북면 용당리에 있다. 국보 112호.

문왕이 그 산으로 건너가자 용이 나타나서 말하기를, 대나무를 꺾어서 피리를 만들어 나라가 위태로울 때 불면 모든 일이 태평해질 것이라고 했어.

   대나무를 잘라 궁궐로 돌아온 신문왕은 그것으로 피리를 만들어 잘 보관해 두었어. 그 뒤 왜적이 쳐들어왔을 때 피리를 꺼내 불었더니 왜적이 물러가고, 가뭄이 들 때 불었더니 비가 오고, 장마가 들어 홍수가 날 때 불었더니 비가 그쳤어. 그래서 이 피리를 '온갖 풍파를 그치게 하는 피리'라는 뜻에서 만파식적이라고 했다는구나.

【 진정한 통일은 행정 구역 개편으로 】

이 이야기는 신문왕이 왕위에 오른 직후 몹시 어려운 상황에 맞닥뜨려 있었다는 것을 알려 주고 있어. 실제로 신문왕이 즉위한 그해에 궁궐에서 반란 사건이 일어났거든. 놀랍게도 그 주동자는 왕비의 아버지, 그러니까 장인인 김흠돌이었지. 김흠돌은 장군으로서 삼국 통일에 큰 공을 세운 인물이었어.

신문왕은 큰 충격을 받았지만 냉정하게 생각했어. 수많은 충신들이 목숨을 바쳐 삼국 통일을 이루었는데, 이제 와서 나라가 흔들리면 먼저 가신 아버지 문무 대왕이 용서하지 않을 거라고 말이야. 그래서 신문왕은 반란에 조금이라도 관련된 자들을 모조리 잡아서 죽여 버렸어. 반란의 마음을 품었다가는 어떻게 되는지를 다른 신하들에게 보여 주기 위해서였지.

실제로 신문왕이 장인 김흠돌의 반란을 서슬이 시퍼렇게 진압한 뒤로 반란은 더 이상 일어나지 않았단다. 따라서 왕의 권위는 더욱 높아져 아무도 함부로 넘볼 수 없게 되었지. 만파식적 이야기는 이렇게 강력한 지도력을 가진 신문왕이 자신을 더욱 돋보이게 하려고 만들어 낸 이야기일 거야.

신문왕은 반란을 진압하는 데 만족하지 않았어. 귀족들의 힘을 누르려면 나라에서 관리가 될 사람을 미리 뽑아 교육시킬 필요가 있었어. 이전까지는 귀족들 중에서 관리를 뽑아야 했거든. 그래서 오늘날의 대학에 해당하는 '국학'이라는 교육 기관을 세우고, 젊은이들을 뽑아 이곳에서 장차 나라의 관리가 될 사람으로 교육시켰어.

신문왕에게 닥친 가장 큰 숙제는 새로 신라 영토가 된 땅을 직접 다스리는 일이었어. 그러기 위해서는 먼저 전국의 행정 구역을 다시 짜야 했지. 오늘날 우리나라가 8개 도로 이루어져 있듯이 신문왕은 전국을 9개의 주로 나누었어. 주 밑에는 군과 현을 차례로 두었단다. 주를 다스리는 관직을 도독이라고 했는데, 오늘날의 도지사와 비슷했지.

이와 함께 도읍인 금성 말고도 전국에 작은 도읍(소경) 5개를 두었어. 통일을 하고 보니 금성이 나라의 동남쪽 구석에 더욱더 치우쳐서 불편했기 때문이야. 또 넓은 나라를 다스리려다 보니 도읍 하나만으로는 부족하기도 했지. 그래서 전국에서 작은 도읍으로 삼기에 적당한 곳을 골라 중원 소경, 북원 소경, 금관 소경, 서원 소경, 남원 소경을 두었어.

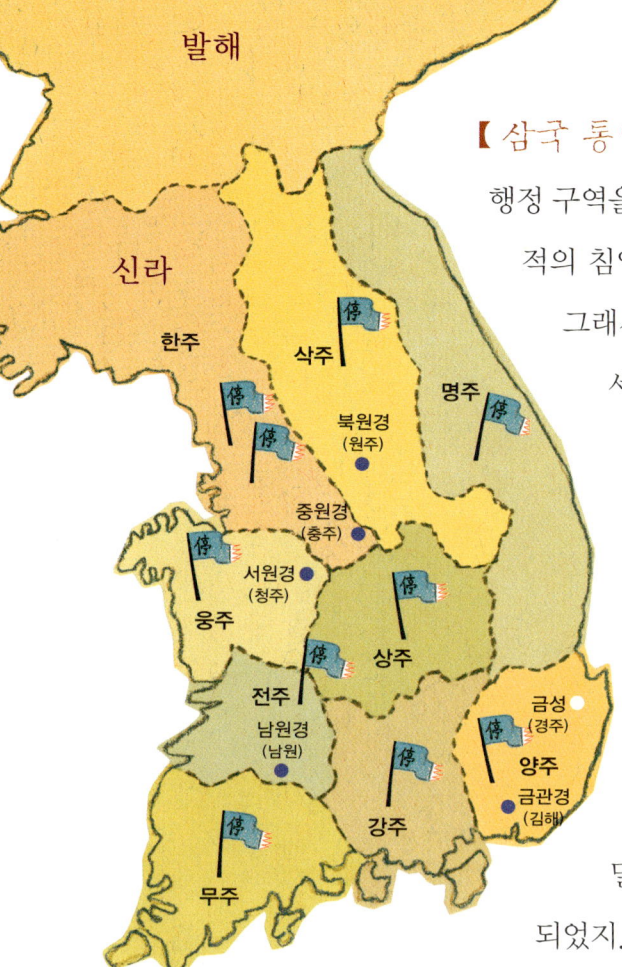

〔9주 5소경과 10정〕

【 삼국 통일로 달라진 국방 】

행정 구역을 나누는 일 못지않게 중요한 것은 외적의 침입으로부터 나라를 지키는 일이었지. 그래서 군대도 개편하여 나라의 방위 태세를 튼튼히 했어.

삼국 통일 전에는 신라의 도읍을 지키는 중앙군이 6개 부대로 이루어져 있었어. 신라는 원래 6개 부족이 연합하여 이루어진 나라였으므로 군대도 각 부족이 나누어 맡았던 거지. 그런데 삼국이 통일되면서 여기에 백제군·고구려군·말갈군이 더 들어와 모두 9개 부대가 되었지. 이것을 '9서당'이라고 했어.

한편 지방 수비에는 9개 주에 1개 부대씩 두기로 했어. 다만 옛 고구려 땅인 한강 일대에 설치된 한주는 국방상 아주 중요한 곳이어서 2개 부대를 두기로 했어. 그래서 모두 10개 부대가 되어 이를 '10정'이라고 불렀지.

이렇게 나라를 튼튼히 방비하자 이제 신라는 누구도 넘보지 못할 강한 나라가 되었어. 신문왕 말년에 중국 당나라 사신이 와서 태종 무열왕의 '태종'은 당나라의 2대 황제인 태종과 겹치는 호칭이니 이를 고치라고 요구했어. 그러나 신문왕은 정중하게 거절했지. 이 이야기는 바로 신라가 강대국 당나라의 요구를 물리칠 수 있을 만큼 성장했다는 사실을 잘 보여 준단다.

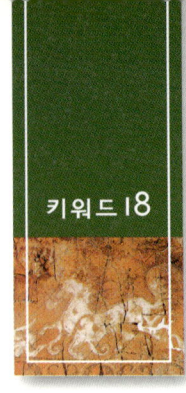

키워드 18   **원효 대사**

진리는 너와 나의 마음속에 있다

원효 대사는 우리나라 역사에서 아주 위대한 불교 승려 가운데 한 사람이야. 그런데 원효가 이루어 놓은 불경 연구나 그가 설교한 불교의 가르침에는 신분이 낮은 백성들을 위한 것이 많았어. 이전까지의 불교는 주로 왕족과 귀족 중심이었기 때문에 일반 백성들이 받아들이기엔 너무 어려웠지. 원효는 삼국 통일이라는 역사적인 사건을 겪으면서 불교를 일반 대중에게 널리 퍼뜨려야 한다고 생각했던 거야.

【 해골 물을 마시고 깨달음을 얻다 】

신라에 불교가 전해지고 나라의 종교로 공인된 것은 법흥왕 때였지. 법흥왕은 말년에 스스로 머리를 깎고 정식으로 승려가 되기도 했단다. 법흥왕의 뒤를 이은 왕들도 나라 곳곳에 절을 지어 불교가 널리 퍼지도록 애썼어. 그래서 신라는 삼국 중 가장 늦게 불교를 받아들였는데도 '불교의 나라'라고 불릴 만큼 어느 나라보다도 불교가 발전했단다. 오늘날 경주 일대에 남아 있는 수많은 절과 불상, 탑 들은 신라가 불교를 퍼뜨리기 위해 얼마나 애썼는지를 잘 보여 주지.

나라 곳곳에 생긴 절에서는 승려들이 불경을 열심히 연구하면서 백성들에게 부처님의 말씀을 전했어. 특히 승려들은 신라가 백제와 고구려의 공격을 물리치고 삼국을 통일할 수 있도록 힘을 달라고 부처님에게 빌어야 한다고 했어. 원광 법사가 세속 5계를 지어 화랑들에게 준 것도 그런 일들 가운데 하나였지.

드디어 신라가 백제를 멸망시키자 많은 승려와 백성들은 부처님이 신라를 도운 것이라며 기뻐했어. 그래서 불교를 믿는 마음이 더욱더 굳어져 갔어. 승려들은 불경 연구에 더 깊이 빠져들었지.

원효도 그런 승려 가운데 하나였어. 원효는 부처님 말씀을 본격적으로 연구하기 위해 불교 연구가 발전한 중국으로 유학을 가기로 결심했어. 그래서 의상 대사와 함께 당나라 유학길에 나섰단다.

그러던 어느 날 길을 가다가 밤이 늦어 굴에서 잠을 자게 되었어. 한밤중에 목이 타서 일어난 원효는 주변에 있던 물을 손으로 떠서 마셨는데, 참으로 시원하고 맛있었어. 그런데 아침에 일어나서 보니 굴은 무덤이었고 물은 해골에 고여 있던 썩은 물이었지 뭐야. 원효는 금방 토할 것 같았지.

원효는 곰곰이 생각했어. 같은 썩은 물인데 왜 어젯밤에는 꿀처럼 달고 오늘 아침에는 구역질이 났는지를 말이야. 그러다가 결국 모든 것은 마음먹기에 따라 달라진다는 것을 깨달았지. 그러면 부처님 말씀의 진리도 이와 같지 않을까? 그 진리란 중국까지 가서 얻어야 하는 것이 아니라 이미 내 마음속에 있는 건 아닐까 하는 생각이 머릿속에 번쩍 떠올랐어. 그렇다면 중국으로 유학을 갈 게 아니라 어느 곳에서든 스스로의 마음속을 찬찬히 들여다보아야 한다는 생각이 들었지.

그래서 원효는 발걸음을 돌려 신라로 다시 돌아왔어. 그러고는 진리를 찾기 위해 수행에 들어갔지.

굴 속에 앉아 수행하는 수도승

【 진리는 마음속에 있다 】

깊이 참선한 끝에 원효는 깨달았어. 부처님의 마음속에 들어 있는 진리와 내 마음속에 들어 있는 진리는 둘이 아니라 하나라는 것을 말이야. 나아가 공부를 많이 한 승려의 마음속에 있는 진리와 일반 백성들의 마음속에 있는 진리도 마찬가지로 서로 다르지 않은 하나라는 것을 깨달았지.

이렇게 깨닫고 세상을 살펴보니 승려들이 백성들에게 설교하는 부처님의 가르침은 내용이 너무 어려웠어. 백성들은 알아듣지도 못하는 가르침을 맹목적으로 따라 외울 뿐이었지. 이래서는 참된 불교가 피어날 수 없다고 생각했어.

이러한 깨달음에 이른 원효는 엄숙한 분위기의 절을 떠나 시끌벅적한 저잣거리로 나왔어. 거기에서 일반 백성들을 모아 놓고 부처님의 가르침을 설교했지. 그 내용은 백성들이 이제껏 들어 보지 못한 것이었어. 그것은 깨달음을 얻기 위해 절에 가서 고승에게 가르침을 받을 필요가 없다는 것이었어. 스스로의 마음속을 들여다보며 깊이 참선하면 누구나 진리를 깨달을 수 있다는 것이었지.

【 진정한 삼국 통일의 기쁨 】

원효는 백성들이 많이 모이는 저잣거리나 뒷골목을 돌아다니며 설법을 하면서도 불경 연구를 게을리 하지 않았어. 오히려 자기가 깨달은 것을 바탕으로 불경을 새롭게 해석했지. 또 자기와 같은 깨달음을 얻으려면 어떤 방법으로 수행해야 하는지를 연구해서 글로 정리했어. 그런 끝에 나온 것이 『대승기신론소』, 『금강삼매경소』 같은 책이었단다.

원효의 책은 멀리 중국에까지 전해져 그곳의 고승들이 돌려 읽으며 감탄해 마지않았대. 자기들이 생각하지도 못한 진리가 그 안에 들어 있었기 때문이지.

원효는 원래 귀족 출신이었고 또 널리 알려진 승려가 되었기 때문에 풍족한 생활을 누릴 수도 있었어. 하지만 원효는 그런 특권을 다 버리고 백성들과 함께 지냈어. 나중에는 승려 옷마저 벗어 던지고 백성들과 술을 마시고 노래하며 지내기도 했단다. 이 또한 진리는 겉으로 드러나는 데 있는 것이 아니라 마음속에 있는 것이므로 겉으로 보이는 형식에 얽매일 필요가 없다고 생각했기 때문이지.

원효의 새로운 불교 운동은 삼국 통일을 이룬 신라 사람들의 마음을 더욱 풍요롭게 해 주었어. 삼국이 통일되어 신라가 부강한 나라가 되고 휘황찬란한 절이 많이 세워진다고 해서 백성들의 마음까지 풍요로워지는 건 아니었거든.

부처가 저 높은 하늘나라에 있는 것이 아니라 바로 내 마음속에 있다는 원효의 가르침을 받은 백성들은 가슴이 뿌듯해졌어. 그런 마음은 자신이 삼국을 통일한 신라에 살고 있다는 자부심과 연결되었지. 이러한 자부심이 있었기에 신라에서 화려하고도 세련된 불교 문화가 피어날 수 있었단다.

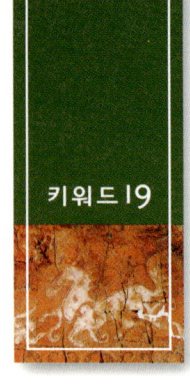

키워드 19 　이두

우리말을 살린 설총

우리가 지금 쓰고 있는 한글은 조선 시대의 세종 대왕이 1443년에 만든 우리 글자야. 그러면 그전에는 우리말을 어떤 글자로 적었을까? 중국 글자인 한자로 적었어. 신라도 마찬가지였지. 그렇게 남의 나라 글자인 한자로 우리말을 적으려니 여러모로 불편했어. 그래서 많은 이들이 우리말을 편리하게 적을 방법을 찾으려 애썼지. 그러다가 설총이라는 유학자가 그것들을 모아서 우리말을 적을 방법을 체계적으로 정리해 냈어. 그것이 바로 이두란다.

【 글자 없는 나라의 설움 】

만약 우리가 지금 한글이 없어서 영문으로 우리말을 표현한다고 생각해 보자. "나는 너를 사랑해."라는 말을 글로 어떻게 표현할 수 있을까? 우리 글자가 없으니 그냥 영문으로 "I love you."라고 쓸 수밖에 없을 거야.

신라 시대에도 마찬가지였어. 우리말은 있었지만 우리 글자는 없었어. 그래서 말을 주고받을 때와 글자로 의견을 나눌 때는 경우가 전혀 달랐어. 글로 자기 뜻을 펴야 할 때는 이웃 나라 중국의 글자인 한자를 빌려다 한문 문장으로 썼지.

한자와 한문을 빌려다 쓴 데에는 이유가 있었어. 당시 중국의 당나라는 동아시아에서 가장 문화가 발전했어. 그래서 주변 나라들은 당나라에 사신을 보내 외교 관계를 맺고 발전한 문물을 받아들였지. 당시 받아들인 문물 가운데 가장 중요한 것이 책이었어. 책은 물론 한자와 한문으로 쓰여 있었지. 그런 한문책을 계속 읽다 보니 신라 사람들은 어느덧 한자와 한

신라의 붓과 먹, 벼루 신라 사람들의 문자 생활을 알려 주는 문방구이다. 신라의 붓은 일본의 보물 창고인 정창원(쇼소인)에 소장되어 있는데, 신라의 종이와 함께 일본에 전해진 것으로 추측된다.

문에 익숙하게 되었지.

지금도 우리는 한자어를 많이 쓰고 있어. 이를테면 학교에서 선생님이 "내일까지 수학 숙제를 꼭 제출하세요."라고 말했을 때, 그 말 속에 한자어가 얼마나 들어 있는지 볼까?

"來日(내일)까지 數學(수학) 宿題(숙제)를 꼭 提出(제출)하세요."

【원효 대사의 아들 설총】

그런데 우리말이 영어와 문법이 다른 것처럼 우리말과 중국 한문도 문법이 달라 한문은 마치 외국어와 같았어. 이를테면 우리말은 대개 주어 다음에 목적어가 오고 마지막으로 동사가 와. 하지만 중국어는 영어처럼 주어 다음에 동사가 오고 목적어는 맨 나중에 오지. 그러니까 한문으로 뜻을 전달하는 것은 오늘날 우리가 영어로 대화하는 것만큼 어려운 일이었을 거야.

하지만 글자로 써서 의사 소통을 할 때는 한문 문법에 따라 쓰는 것 말고는 달리 방법이 없었어. 이것은 한문 공부를 많이 한 선비들에게나 가능한 일이었지. 농사를 짓고 사는 보통 사람들은 감히 꿈도 꾸지 못할 일이었어. 그러니 정다운 사람에게 편지를 쓸 수도, 자기가 느낀 것을 일기로 적을 수도 없었지.

이두

요석 공주 별궁 터 원효 대사가 집을 나와 경기도 소요산에 머물며 수행에 전념할 때, 요석 공주도 설총을 데리고 소요산에 들어가 작은 별궁을 짓고, 원효 대사가 수행하는 쪽을 향해 매일 아침저녁으로 절을 했다고 한다.

이러한 점을 일찍부터 깨닫고 이 문제를 해결하기 위해 애쓴 사람이 있었어. 바로 설총이라는 사람이야. 설총은 원효 대사의 아들이란다. 그런데 스님이 어떻게 아이를 낳았냐고?

원효 대사는 스님이 되어 절에서 불공만 드린다고 부처님의 가르침을 깨달을 수 있는 건 아니라고 생각했어. 그래서 백성들이 사는 곳을 떠돌아다니며 그들과 함께 살아가면서 부처님 말씀을 알기 쉽게 가르쳐 주었어. 그 무렵 태종 무열왕은 원효 대사 이야기를 전해 듣고 보통 인물이 아니라고 생각했지. 그래서 둘째 딸 요석 공주를 원효에게 시집보냈어. 이렇게 해서 원효 대사와 요석 공주 사이에 태어난 아들이 설총이었던 거야.

훌륭한 아버지와 좋은 가문에서 자란 어머니 사이에서 난 설총은 어려서부터 총명하여 많은 책을 읽었다고 해. 설총은 특히 중국에서 온 한문책들을 즐겨 읽었어.

【설총이 정리한 이두】

설총은 중국 사람들이 쓴 한문책을 읽으면서 생각했어. '우리 신라 사람들이 한문만 가까이 대하다 보니 우리 생각을 글로 옮기기가 너무 힘들구나.' 하고 말이야. 그래서 글자는 비록 한자를 쓰더라도 글의 순서나 표기는 우리말에 맞게 쓰는 방법을 찾아냈지. 그것은 앞에서 예를 든 "I love you."

를 우리말 순서대로 영문으로 쓰는 것과 비슷했어. 곧 "Na-neun neo-reul sarang-hae."로 쓰는 식이었지. 다만 우리말 단어가 없거나, 또 있다 해도 한자어로 더 익숙한 것은 단어까지 한자어를 빌려다 썼어. 곧 영어의 'I', 'you', 'love'에 해당하는 우리말 단어가 없다면 "I-neun you-reul love-hae."라는 식이 되는 거야.

이를테면 "나는 너를 사랑해."를 신라 시대 말로 하면 아마도 "오는 여를 애해." 정도가 될 거야. 오(吾)는 나, 여(汝)는 너, 그리고 애(愛)는 사랑한다는 뜻을 가진 한자어란다. 이것을 한문으로 쓰면 "吾愛汝(오애여).", 곧 "나 사랑해 너."가 되어 말이 잘 안 통하지. 설총은 이것을 "吾是汝乙愛(오시여을애)."라고 쓰자고 했어. 우리말 순서대로 쓰고 단어들 사이에 우리말 '는'에 해당하는 한자로 是(시)를, '를'에 해당하는 한자로 乙(을)을 넣자고 한 거야. 이렇게 되면 "吾是汝乙愛."가 곧 "나는 너를 사랑해."가 되어 말이 잘 통하게 되지.

사실 우리말을 이런 방법으로 적는 것은 오래전부터 있어 왔어. 그런데 사람들마다 제각각이어서 통일된 규칙이 없었지. 설총은 예부터 써 오던 것들을 하나로 모으고 새로운 규칙을 더 보태어 우리말을 한자로 적는 방법을 정리했어. 그래서 신라 사람들은 한자 단어와 설총이 정해 준 우리말에 해당하는 한자 글자들을 익혀 우리말 순서대로 글을 적을 수 있게 되었지. 이 같은 우리말 적기 방법을 '이두'라고 해.

이두가 널리 전해짐에 따라 이제 신라 사람들은 자기 생각을 그대로 글로 옮겨 적을 수 있게 되어 말글 생활이 편해졌어. 이것은 신라가 삼국을 통일하고 난 뒤 단순히 땅이 늘어난 것에 만족하지 않고 우리 민족 문화를 발전시키기 위해 꾸준히 노력했다는 것을 보여 준단다.

키워드+ 향가

신라 사람들의 노래

이두가 널리 전해지면서 신라 사람들은 자신들의 생각을 이두로 적어 서로 뜻을 나누었지. 특히 기쁘거나 슬픈 마음이 가득 담긴 노래를 지을 때 한문으로는 그 느낌을 도저히 표현할 수가 없었어. 그래서 노랫말을 이두 방식으로 적는 일이 많아졌어. 신라의 노래를 향가라고 했는데, 이 향가를 적은 이두를 특히 '향찰'이라고 불렀어. 향찰은 이두와 달리 조사나 어미뿐만 아니라 모든 단어를 우리말 소리대로 적었지.

향가에는 사랑하는 이를 그리워하며 지은 것이 많았어. 특히 삼국 통일을 이루는 과정에서 나라를 위해 온몸을 던진 화랑들을 기리는 노래가 많이 불렸어. 그 가운데 오늘날까지 전해지는 노래가 「찬기파랑가」란다. 한번 들어 보렴.

울다 지쳐 쳐다보니
나타난 달이
흰구름 따라가는구나.
새파란 냇가에
기파랑의 모습이 비친다.
냇가 조약돌에
님이 지니시던
마음의 끝을 따르련다.
아아, 잣나무 가지 높아
서리 모를 화랑이여.

신라 향가비
경주시 계림에 세워진 비로, 「찬기파랑가」가 쓰여 있다.

이 노래는 충담사라는 스님이 지었는데, 자기가 좋아하던 화랑 기파랑이 이 세상을 떠나자 그를 그리워하며 부른 노래야.

냇가에 앉아 기파랑을 생각하며 눈물을 흘리다가 문득 하늘을 쳐다보니 어느덧 날은 저물고 달이 떠올랐지. 다시 고개를 내려 냇물을 보니 어렴풋하게 기파랑의 얼굴이 비치는 거야. 냇가 조약돌 하나하나마다 기파랑의 마음이 스며 있는 듯했지. 아마도 기파랑은 나라를 위해 목숨을 바쳤을 거야. 높은 잣나무 가지만큼 기품이 높았으니까 말이야.

충담사가 기파랑을 애타게 그리는 마음이 아주 절절하게 느껴지지 않니? 한문으로는 도저히 이런 표현을 할 수가 없었겠지.

또 한 명의 뛰어난 승려 시인으로는 월명사가 있었어. 그는 저세상으로 떠난 누이를 그리는 「제망매가」를 지었단다. 이것도 한번 들어 볼까.

삶과 죽음의 길이
여기 있음에 두려워
나는 간다는 말도
못하고 갔단 말이냐.
어느 가을 이른 바람에
이리저리 떨어지는 나뭇잎같이
한 가지에 태어나도
가는 곳 모르겠구나.
아아, 극락에서야 만날 것이니
나는 도 닦으며 기다리련다.

세상을 떠난 누이를 그리는 슬픈 마음을 노래하고 있어. 그렇게 일찍 이승을 떠날 거라면 말이라도 하고 가야 할 것 아니냐며 원망하고 있지. 떨어지는 가을 나뭇잎처럼 죽은 누이이지만, 자신 또한 같은 나뭇가지에 걸려 있는 나뭇잎에 지나지 않는다는 것을 깨닫고는 머지않아 저승에서 만날 것을 약속하고 있구나. 먼저 간 누이를 그리워하며 눈물 흘리는 월명사의 모습이 눈에 선하지 않니?

신라 사람들이 이렇게 자신의 언어로 자기 느낌을 실감나게 표현한 노래를 지을 수 있었던 것은 삼국을 통일한 자신감 위에서 독자적인 문화를 일구어 갔기 때문이란다.

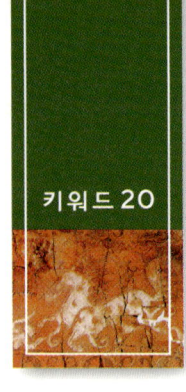

키워드 20 **왕오천축국전**

인도 여행기를 쓴 혜초

1908년 중국 돈황(둔황)의 석굴에서 오래된 문서 뭉치들이 발견되었어. 그 가운데 신라의 승려 혜초가 쓴 『왕오천축국전』도 있었지. 이 책은 혜초가 720년 무렵 인도를 여행하고 돌아와 쓴 여행기라는 사실이 밝혀졌어. 이로써 『왕오천축국전』은 이제까지 쓰여진 세계 여행기 가운데 가장 오래된 것이 되었지. 오늘날처럼 세계 여행이 쉽지 않던 그 먼 옛날, 혜초는 어떻게 이런 여행기를 쓰게 된 걸까?

【 드넓은 세상으로 나가다 】

혜초는 700년 무렵 신라에서 태어났어. 신라에서 불교는 백성들의 마음을 하나로 묶는 역할을 했고 삼국 통일을 이루는 데에도 크게 기여했지. 그래서 귀족을 비롯해 많은 사람들이 승려가 되고 싶어 했어. 혜초의 부모도 혜초가 불교에 몸을 던져 승려가 되기를 바랐어.

그런데 혜초는 일찍이 소년 시절에 당나라로 유학을 갔어. 당시 신라는 불교 경전을 당나라에서 들여오고 있었고, 당나라에는 깊은 깨달음을 얻은 고승들도 많았지. 그래서 혜초의 부모는 혜초를 불교 선진국 당나라로 보내 불교를 더욱 깊이 연구하게 했던 거야.

혜초가 당나라에 가 보니 그곳에서는 밀교가 유행하고 있었어. 밀교는 글자 그대로 '비밀불교'라는 뜻이란다. 밀교에서는 경전을 읽고 연구하는 평범한 수행으로는 깨달음을 얻을 수 없다고 해. 부처님의 진리는 깊고 오묘한 것이어서 깨달음이 비밀스럽게 다가온다는 말이지.

혜초는 밀교의 가르침을 더욱 깊게 파고들고 싶었어. 그런데 당나라의 밀교는 그 무렵 인도에서 전해진 것이었어. 그래서 혜초는 밀교의 본고장인 인도로 가기로 결심했어. 혜초의 세계 여행이 시작된 것이지.

【 4년 동안 인도를 떠돌다 】

혜초는 인도로 갈 때 바닷길로 갔어. 중국의 광주(광저우)에서 출발해 베트남, 인도네시아, 말레이시아, 미얀마를 거쳐 인도 동부의 갠지스 강에 도착했어. 당시 인도는 동쪽으로는 중국과, 서쪽으로는 페르시아를 통해 지중해의 유럽 나라들과 교류하는 등 상업이 발달하고 있었어. 혜초가 간 길도 인도 상인들이 중국과 교류하기 위해 오가던 길이었지. 그들은 중국을 거쳐 신라까지 오기도 했단다. 오늘날 경주에서 발굴된 유물들 가운데 페르시아나 로마에서 생산된 유리 제품들은 바로 이들이 가져온 게 틀림없어.

인도에 도착한 혜초는 부처님이 깨달음을 얻은 유적들을 탐방하며 인도의 고승들한테서 밀교에 관해 가르침을 받았어. 그 무렵 인도는 굽타 왕조가 무너진 뒤 여러 나라로 나뉘어 있었어. 그때는 인도를 '천축국'이라고 불렀는데, 동·서·남·북·중 천축국의 다섯 나라로 나뉘어 있었지. 『왕오천축국전』이라는 책 제목도 '다섯 천축국을 다녀온 이야기'라는 뜻이란다.

혜초가 도착한 곳은 동천축국이었어. 그는 중천축국으로 간 다음 다시 남천축국을 거쳐서 서천축국에 이르렀어. 걸어서 다녀야 했기 때문에 한 나라를 도는 데에만 여

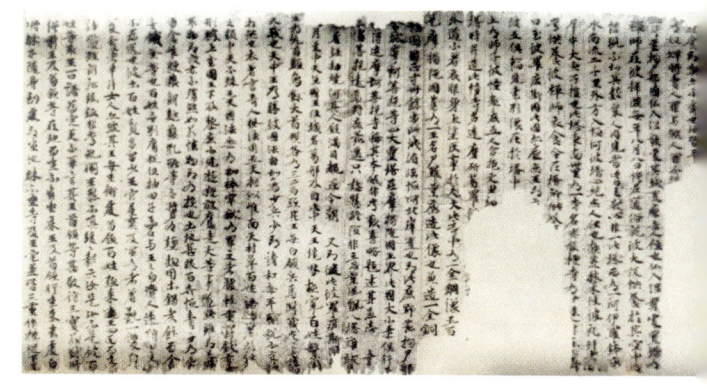

왕오천축국전 1908년 중국 돈황의 석굴 사원에서 원본이 발견되었는데 앞뒤가 떨어져 나가고 일부만 남아 있었다.

[혜초의 여행길]

러 달이 걸렸지.

　혜초는 여행을 하면서 불교 공부만 한 게 아니라 직접 보고 들은 신기한 것들을 꼼꼼하게 기록했어. 이를테면 각 천축국의 왕들은 코끼리를 몇백 마리씩 가지고 있는데, 코끼리의 수에 따라 국력에 차이가 난다고 하는구나. 또 죄인을 때리거나 감옥에 가두는 형벌을 내리지 않고 모두 벌금만 내게 한다고도 해. 이렇게 혜초가 기록한 인도의 풍습은 오늘날 귀중한 역사 자료가 되고 있단다.

【 비단길을 따라 돌아오다 】

4년 동안 인도를 돌며 불교를 연구한 혜초는 북천축국을 통해 중앙아시아로 넘어갔어. 오늘날의 아프가니스탄, 이란, 투르크메니스탄이 있는 곳이지. 그때 이 지역은 페르시아와 비잔틴, 그리고 새로 일어난 이슬람 세력이 비단길을 따라 중국으로 들어가는 길목이었어. 지나가는 도시마다 세계 여러 나라의 상인들이 몰려들어 아주 큰 시장을 이루고 있었지.

여러 나라 사람들이 오가는 이곳에서 발달한 것이 간다라 미술이야. 서양과 인도의 문화가 서로 뒤섞인 독특한 미술 양식이지. 이를테면 인도 종교인 불교에 따라 불상을 만들었는데, 부처님의 얼굴 모습이 로마 사람인 데다 옷차림까지 로마 식이었어.

혜초는 중앙아시아를 4년 동안 탐방하면서 많은 문물을 접하고 경험했어. 돌아오는 길은 육지 길을 이용하기로 했어. 그래서 중앙아시아에서 험한 파미르 고원을 넘고 타클라마칸 사막을 지나 중국의 돈황에 이르렀지. 돈황은 당나라로 들어가는 현관에 해당하는 곳이었어. 실제로 이곳에 옥문관이라는 문도 만들어 놓았단다. 돈황은 또한 중국의 여러 왕조들이 북방 유목 민족의 침입을 막기 위해 쌓은 만리장성의 서쪽 끝이기도 했지.

간다라 불상 간다라는 오늘날 파키스탄에 있는 지역인데, 기원 전후 무렵부터 그리스·로마 문명과 인도 불교가 뒤섞인 독특한 문화를 만들어 냈다.

중국의 돈황에 도착한 혜초는 8년 동안 보고 겪은 것을 글로 적어 『왕오천축국전』이라는 책으로 엮었어. 그것이 1200년이 흐른 뒤 돈황의 한 석굴에서 발견되었던 거야.

당나라로 돌아온 혜초는 신라로 오지 않고 자신이 연구하고 온 밀교를 가르치고 불경을 한자로 번역하며 당나라에서 일생을 보냈어. 당나라 사람들이 가장 높이 떠받드는 밀교의 고승이 되었지. 그렇지만 혜초는 언제나 자신이 신라 사람이라는 것을 밝혔고, 늘 고향을 그리워했다는구나.

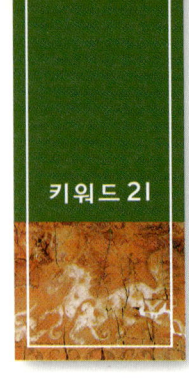

키워드 21 불국사

정상에 선 신라 문화, 내리막길이 보이다

우리나라 학생들이 수학여행 때 가장 많이 가는 곳은 아마 경주일 거야. 그리고 경주에서 빠뜨리지 않고 들르는 곳이 불국사지. 불국사는 우리나라 사람들에게만 유명한 곳이 아니야. 유네스코는 불국사의 아름다움을 높이 평가하여 1995년 세계 문화 유산으로 지정했어. 하지만 겉으로 보기에는 아름답기만 한 불국사의 뒷면에는 어두운 이야기도 담겨 있단다.

【 의문의 절 불국사 】

불국사는 신라의 절 가운데 가장 규모가 크고 아름다워. 불국사는 언제, 누가, 왜 지었을까? 이상하게도 이와 관련해서는 확실한 기록이 없어. 산골짜기에 묻힌 작은 절도 아니고, 나라에서 중요하게 여긴 전국의 다섯 개 산 가운데 하나인 토함산 자락에 어마어마한 규모로 지은 큰 절에 대해 이렇게 확실한 정보가 없다는 것은 이상한 일이지.

먼저 언제 지었는지부터 살펴보자. 불국사를 처음 지은 시기와 관련해서는 여러 기록이 있어. 어떤 기록은 먼 옛날 눌지왕 때라고 하고, 또 다른 기록은 법흥왕 때라고 해. 이 모든 기록에서 공통되는 것은 경덕왕 때인 751년에 크게 수리해 고쳐 지었다는 점이야. 불국사는 경덕왕 때 처음 지어진 것이라고 주장하는 사람도 있지. 어느 쪽이 옳은지는 알 수 없지만, 확실한 것은 지금처럼 규모가 큰 불국사는 경덕왕 때 지었다는 사실이야.

그렇다면 751년에 불국사를 짓기로 결정한 사람은 누구일까? 여기에 대해서는 경덕왕이라는 기록과 김대성이라는 기록이 있어. 김대성은 높은 관

불국사 신라 시대 불교 미술을 보여 주는 뛰어난 건축물로, 석굴암과 함께 세계 문화 유산으로 지정되었다. 경주시 진현동 토함산 기슭에 있다.

직에 있다가 물러난 뒤 죽을 때까지 불국사와 석굴암을 지었다고 해.

전해 내려오는 이야기에 따르면, 김대성은 원래 가난한 집안에 태어나 홀어머니 밑에서 자랐어. 먹고살 길이 막막한 어머니는 부잣집에서 품팔이를 하며 겨우겨우 생계를 이어 갔지. 그러자 부잣집에서 불쌍히 여겨 땅을 조금 떼어 주었어.

어느 날, 김대성은 시주를 받으러 다니는 스님에게서 현생에 하나를 시주하면 내세에서 만 배의 보답을 받는다는 말을 듣고는 어머니에게 말했어.

"전생에 시주를 하지 않아 이렇게 가난하게 사는 것 같아요. 비록 작지만 우리 땅을 시주하면 나중에 큰 복을 받지 않겠어요?"

김대성은 어머니의 허락을 받아 그 땅을 시주했지.

그런데 얼마 지나지 않아 김대성은 죽었어. 하지만 김대성은 곧 큰 벼슬을 하는 집안의 아들로 다시 태어나게 되었어. 가난한데도 자기가 가진 것

불국사 125

을 모두 시주한 김대성의 정성에 부처님이 감동하신 거야. 김대성은 새로 태어난 집에서 새 부모님을 잘 모시면서도 전생의 어머니를 잊을 수가 없었어. 그래서 현생의 부모님을 위해서는 불국사를, 전생의 부모님을 위해서는 석굴암을 짓기로 했다는구나.

【 불국사는 누가 지었나 】

이 이야기는 부모님을 섬기는 김대성의 효심이 지극했다는 것을 말해 주지. 하지만 불국사의 규모를 보면 한 개인이 지었다고 보기에는 무리가 있어. 그래서 다른 사람들은 경덕왕이 불국사를 지었다고 주장한단다.

750년 무렵이면 신라가 삼국을 통일한 지 70년이 지난 시점이야. 이때 신라는 이웃 나라들과 전쟁도 전혀 하지 않고 풍요롭게 살고 있었어. 한마디로 신라 문화의 절정기를 맞고 있었지.

청운교와 백운교 부처의 세계로 들어가는 2층 계단으로, 이 계단을 오르면 정문인 자하문에 이른다. 밑에 있는 계단이 청운교, 위에 있는 것이 백운교이다. 국보 23호.

이때 경덕왕은 특히 불교의 발전에 힘을 기울였어. 불국사와 석굴암은 물론 우리나라에 남아 있는 종 가운데 가장 큰 성덕 대왕 신종, 지금은 남아 있지 않지만 성덕 대왕 신종보다 네 배나 더 컸다는 황룡사 종, 분황사의 약사여래상 등이 모두 경덕왕 때 만들어졌지.

　경덕왕은 불교에서 말하는, 괴로움이 없고 즐거움만 있는 극락정토란 저 먼 하늘나라에 있는 것이 아니라 바로 자신이 살고 있는 신라 땅이라고 생각했어. 그래서 신라가 부처님의 나라, 곧 불국이라는 것을 보여 주기 위해 불국사를 짓기로 한 것은 아닐까.

다보탑(국보 20호)

　이런 생각을 바탕으로 이제 불국사를 살펴보자꾸나.

　우선 부처의 세계로 들어가려면 청운교와 백운교라는 계단을 올라가야 해. 계단이지만 원래 그 밑으로 물이 흘렀기 때문에 다리라는 뜻의 '교' 자를 붙인 것이지. 청운교·백운교는 현세를 지나 '불국'으로 들어가는 다리란다.

　어느 절이나 입구에 연못이 있고 그 위 다리를 건너게 돼 있지만, 불국사의 청운교·백운교는 여느 절의 다리보다 화려하게 꾸몄어. 계단을 올라 자하문을 지나면 대웅전이 보이고, 대웅전 앞에는 석가탑과 다보탑이 나란히 세워져 있지. 서쪽에 있는 석가탑이 소박하고 단정한 멋을 지녔다면, 동쪽에 있는 다보탑은 화려하고 세련된 멋을 지녔지.

석가탑(국보 21호)

불국사 127

그런데 참 이상하구나. 대개의 절에는 탑이 하나만 있거나, 두 개일 때는 똑같은 모양으로 만들어 동쪽과 서쪽에 세워서 각각 동탑과 서탑이라 부르는데, 석가탑과 다보탑은 탑 이름도 다르고 생긴 모습도 달라. 왜 그럴까?

이것은 탑을 세울 때 『법화경』이라는 불교 경전을 바탕으로 했기 때문이야. 『법화경』에서는 현세의 부처를 '석가여래'라 하고 전생의 부처를 '다보여래'라고 해. 그러니까 석가탑은 현세의 부처를, 다보탑은 전생의 부처를 각기 다른 느낌으로 표현한 것이지.

경전이란 부처님의 말씀을 담은 책인데 여러 종류가 있어. 경덕왕은 어느 한 경전이 아니라 여러 경전을 두루 참고하여 그것들을 종합해서 불국사에 드러나게 했어. 그래서 불국사의 대웅전을 비롯한 여러 건물들도 각각 『법화경』, 『화엄경』, 『아미타경』 같은 경전의 내용을 바탕으로 지었지. 불국사는 이를테면 불교의 종합 백과사전이기도 했던 거야.

【 원성왕은 누구인가 】

이렇게 보면 불국사는 경덕왕이 지었다고 보는 게 옳을 것 같아. 그런데 이상하지? 왕이 절을 세웠는데, 그것에 관한 자세한 기록이 남아 있지 않으니 말이야.

그 이유는 불국사가 완성된 시기를 보면 짐작할 수 있어. 기록에 따르면 김대성은 774년에 죽었는데, 그때까지도 불국사는 완성되지 않았대. 그래서 그 뒤로 나라에서 맡아 마무리했다는 거야. 그렇다면 불국사를 완성한 왕은 경덕왕 이후의 혜공왕이나 원성왕이라고 볼 수 있지.

여기서 원성왕을 주목해야 해. 삼국 통일 이후 신라는 성덕왕·경덕왕·혜공왕 3대가 다스리는 동안 최고 전성기를 이루었어. 그것을 보여 주는 건축물이 바로 불국사였지. 그런데 혜공왕 때 반란이 일어나 왕이 살해당하고 말았어. 이때 반란의 주동자가 바로 나중에 원성왕이 된 사람이었어.

반란을 일으켜 권력을 잡은 원성왕은 혜공왕의 아버지인 경덕왕과 할아버지인 성덕왕의 무덤까지 모두 없애 버렸지. 그렇지만 너무도 아름답게 지은 불국사까지 헐어 버릴 수는 없었어. 그래서 불국사는 그대로 두고, 대신 불국사를 지은 사람이 경덕왕이 아니라 경덕왕의 지시에 따라 불국사 공사를 맡았던 김대성인 것으로 기록을 고쳐 놓은 것이 아닐까? 김대성이 이름 없는 한 개인이었기 때문에 그의 부모와 관련된 신비로운 이야기를 꾸며 내 김대성을 대단한 인물로 띄웠을지도 몰라.

원성왕의 반란 이후 아름다운 불국사는 살아남았지만, 신라의 전성 시대

성덕 대왕 신종 경덕왕이 아버지 성덕왕을 위해 만든 종으로, 혜공왕 때 완성되었다. 아기를 시주하여 넣어서 종을 치면 '에밀레'라는 소리가 난다는 전설에 따라 에밀레종이라 부르기도 한다. 이 전설에는 신라 백성들의 힘겨운 삶과 내리막길로 들어서는 신라 말기의 상황이 담겨 있다. 국보 29호.

는 더 이상 계속되지 않았어. 귀족들은 너도나도 권력을 잡기 위해 반란을 일으킬 기회만 노렸지.

이렇게 해서 삼국 통일 이후 백 년 동안의 태평성대는 끝나고 신라는 내리막길로 들어서게 되었어. 그 길목에 이정표로 서 있는 건축물이 바로 불국사란다.

키워드+ 석굴암

세계에 단 하나뿐인 인공 석굴

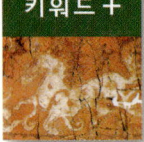

석굴암은 불국사와 함께 경주 토함산에 세워진 불교 사찰이야. 그래서 석굴암의 원래 이름은 석불사였지. 이 절은 김대성이 불국사를 지을 때 함께 지었다고 해. 하지만 불국사라는 큰 절을 김대성 혼자 지을 수 없었듯이, 엄청난 돌을 산꼭대기로 옮겨 와 쌓아 올리고 조각하는 일을 그 혼자 했다고는 볼 수 없을 거야. 불국사와 마찬가지로 나라에서 건축을 주관한 국가적인 공사였다고 봐야겠지.

석굴암은 건축 방식 자체만으로도 아주 특별한 건축물이야. 당시 절은 대개 나무로 지었어. 그런데 석굴암만은 돌을 쌓아서 지었지. 비슷한 시기에 중국의 용문(룽먼)과 운강(윈강)에서도 거대한 석굴 사원을 지었어. 그런데 그것들은 자연 그대로의 바위산을 파 들어가 방을 만들고 돌을 깎아 불상을 만든 거야. 중국뿐만 아니라 인도의 석굴도 모두 자연 석굴 형태란다.

석굴암(국보 24호) 주실 입구 주실은 전실을 거쳐 들어가게 돼 있다. 전실은 서서 예배를 보는 곳인데, 본존불과 불법을 지키는 여러 수호신들이 조각되어 있다.

천장 덮개돌
큰 돌 하나를 얹어 덮었는데, 무게가 20톤에 이른다.

비녀 모양 긴 돌
천장은 돌을 둥근 아치 모양으로 쌓고, 중간중간에 비녀 모양의 돌을 넣어 갈고리 같은 역할을 하게 함으로써 웬만한 충격에도 무너지지 않도록 했다.

그와 달리 석굴암은 다른 곳에서 300개가 넘는 돌을 가져다 차곡차곡 쌓아 돌집을 만들고 그 안쪽 면에 조각을 했어. 중국의 사원들과는 전혀 달랐지. 아마 경주 부근에는 거대한 돌산이 없어서 돌을 쌓아 석굴처럼 보이게 만들었을 거야.

그런데 석굴암을 인공적으로 만들기 위해서는 더욱 과학적인 계산이 필요했지. 둥근 돔 형태로 지붕을 만들되 쉽게 무너지지 않도록 정교하게 짜 맞추어야 했어. 또 굴 내부에 습기가 차지 않도록 차고 더운 공기의 흐름을 이용해 설계했지. 그래서 석굴암은 신라 사람들의 뛰어난 과학 지식을 보여 주는 건축물이기도 하단다.

석굴암에서 가장 아름다운 부분은 석굴 안 주실에 모셔져 있는 본존불이야. 풍만한 몸체에 엄숙한 표정으로 중생을 내려다보는 이 부처님 상 앞에 서면 왠지 모르게 경건해지는 느낌이 들어. 삼국 통일을 이룬 신라의 자신감이 이 조각에 스며들었고, 그 기운이 오늘날에도 뿜어져 나오기 때문이 아닐까.

십일면 관음 보살상
본존불 바로 뒤 십대 제자상 가운데에 있는 보살로, 이상적인 여성미를 지녔다.

감실 보살상(위)과 십대 제자상(아래)
주실에 다락방 10개를 만들어 그 안에 보살상들을 안치했다. 본존불 좌우 벽에는 각각 5명씩 부처를 따르던 10명의 제자들을 새겼다.

키워드 22 | 김헌창의 난

김헌창이 신라를 휘청거리게 하다

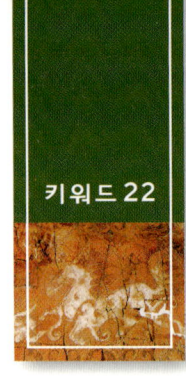

822년 3월, 신라의 왕궁은 발칵 뒤집혔어. 웅주 도독, 오늘날로 치면 충청남도 도지사인 김헌창이 반란을 일으켰기 때문이야. 사실 이즈음 경주에서는 왕권을 노리고 벌어지는 반란이 심심치 않게 일어났어. 하지만 김헌창의 반란은 여느 반란과는 아주 달랐단다.

【 나라의 절반 이상을 차지한 김헌창 세력 】

김헌창의 반란이 충격적이었던 것은 무엇보다도 반란이 도읍인 경주의 왕궁이 아니라 멀리 웅주(지금의 공주)에서 일어났다는 점이었어. 도읍에서 멀리 떨어진 곳에서 일어났으니 별것 아니라고 생각할 수도 있겠지만, 결코 그렇게 볼 일이 아니었단다.

경주에서 일어나는 반란은 귀족들이 왕을 몰아내고 자기가 왕이 되려는 의도에서 일으키곤 했지. 그런데 김헌창은 멀리 웅주에서 스스로 장안이라는 새 나라를 세운 거야. 곧 신라의 왕실 자체를 인정하지 않고 딴살림을 차리겠다는 것이지. 그때까지 신라에서 이런 반란이 일어난 적은 없었어.

더욱 놀라운 것은 김헌창 세력의 규모였어. 신라의 5소경 가운데 중원경·서원경·남원경 등 세 곳이 김헌창 편에 섰어. 그뿐만이 아니었어. 전국 9주 가운데 웅주·상주·전주·강주·무주 등 5주가 김헌창이 세운 새 나라 장안의 땅이 되었단다. 나라의 절반 이상이 김헌창 손에 들어간 거야. 이는 지방 세력들이 더 이상 경주의 왕족을 따르지 않겠다는 뜻을 드러낸 것이었지. 나라가 뒤흔들릴 만큼 큰 사건이 일어난 거야.

〔김헌창의 세력 범위〕

【나도 한번 왕이 되어 보자】

그렇다면 삼국을 통일한 지 150년도 되지 않아 이런 지경에 빠진 이유는 어디에 있었을까?

그 발단은 원성왕에서 비롯되었어. 원성왕은 혜공왕을 죽인 주동자 가운데 한 사람이었어. 그와 함께 반란을 일으킨 다른 주동자가 혜공왕에 이어 선덕왕이 되었고, 선덕왕이 왕위에 오른 지 얼마 안 돼 세상을 떠나자 자신이 왕위에 올랐지.

원성왕이 왕이 된 것은 특별한 일이었어. 일찍이 654년에 진덕 여왕이 죽자 성골의 대는 끊겼어. 그래서 진골인 태종 무열왕이 왕위를 이어받았지. 이후 약 130년 동안 신라 왕실은 줄곧 태종 무열왕의 후손이 차지해 왔어. 그런데 원성왕은 진골 귀족이긴 하지만 태종 무열왕의 후손이 아니었어. 말하자면 원성왕은 태종 무열왕의 왕위 계승 전통을 끊어 버린 거야.

원성왕이 왕위에 오르자 다른 진골 귀족들도 엉덩이가 들썩거리기 시작했어. 자기들도 원성왕처럼 왕이 되지 말라는 법이 없다고 생각한 거지. 특히 나이 어린 왕이 즉위하여 누군가의 도움 없이는 나라를 다스릴 수 없을 때, 진골 귀족들이 왕을 대신해 나라를 다스리다가 나중에는 왕을 몰아내고 왕이 되는 일이 자주 벌어졌어. 헌덕왕이 그 가운데 대표적인 인물이었지.

　헌덕왕이 왕족 신분이었을 때 조카인 애장왕이 왕위에 올랐어. 애장왕은 열세 살 어린 나이에 왕이 되어 아직 나라를 다스릴 안목이 없었지. 그래서 헌덕왕이 조카를 대신해 나라를 디스렸어. 그런데 애장왕이 스물두 살이 되어 직접 나라를 다스릴 수 있게 되자, 헌덕왕은 애장왕을 죽여 버리고 왕 자리에 올랐어.

　신라는 혜공왕이 살해당한 뒤 멸망할 때까지 약 150년 동안 왕이 20번이나 바뀌었단다. 그러다 보니 한 왕이 나라를 다스린 기간은 짧게는 1년에서 길어도 10년이 채 안 될 때가 많았지. 반란이 일어나 살해당한 왕들도 많았고, 왕위에 오른 지 1년도 안 돼 쫓겨난 왕도 있었어. 그만큼 신라 말기에 이르러 왕위를 둘러싼 신라 왕실과 귀족들의 권력 다툼은 몹시 심했단다.

【 기우는 신라의 운명 】

한편 김헌창의 아버지 김주원은 태종 무열왕의 후손으로 선덕왕이 죽었을 때 다음 왕위를 이어받을 사람이었어. 하지만 그렇게 되지 않았지. 그에 관해 전해지는 이야기가 있어.

　김주원이 왕위를 이어받으려고 집을 나서서 궁궐로 떠났는데, 장마로 강물이 불어 건널 수가 없었어. 그 틈에 김경신이라는 대신이 먼저 궁에 들어가 왕위에 올랐어. 김경신은 일찍이 선덕왕과 함께 혜공왕을 죽인 자였어. 그가 왕위에 오르자 대신들이 모두 와서 새 국왕에게 축하를 했어. 그가 바로 원성왕이었지. 원성왕에게 왕위를 빼앗긴 김주원은 멀리 강원도 명주(지금의 강릉)로 물러나 살아야 했대.

　김주원의 아들 김헌창은 총명해서 젊은 나이에 높은 벼슬자리에 올랐는데 주위 사람들이 그를 모함했어. 언제 아버지 김주원의 원수를 갚으려 할지 모르니 조심해야 한다고 말이야. 그래서 김헌창은 경주에서 멀리 떨어진 지방의 관리로 지내야만 했어. 아마도 이때 김헌창은 정말로 아버지의 원수를 갚아야겠다고 다짐했을 거야.

북천 장마로 물이 불어 김주원이 건널 수 없게 되었다는 강이다. 오늘날 경주 시내를 흐르는 하천 가운데 하나이다.

김헌창이 무주(지금의 광주)와 청주를 돌며 지방관을 맡고 있을 때 나라에 큰 재해가 일어났어. 날이 가물어 비가 내리지 않으니 곡식이 열매를 맺지 못하고 말라 죽어 갔지. 그런데도 경주의 왕궁에서는 백성들을 돌볼 생각은 안 하고 자기들끼리 권력 다툼만 벌이고 있었어.

이러한 현실을 지켜보던 김헌창은 이제 신라의 목숨은 다했다고 생각했어. 이제는 새로운 나라를 일으켜 백성들을 보살펴야 한다고 보았지. 그래서 주변 세력들을 차근차근 불러 모아 세력을 키워 나갔어. 그리고 드디어 822년 3월, 웅주에서 새 나라 장안을 세운다고 발표하고 신라와 전쟁에 나섰지.

김헌창의 반란군은 결국 신라군의 공격을 받아 무너지고, 김헌창은 스스로 목숨을 끊어 반란은 한 달 만에 실패로 끝나고 말았어. 그렇지만 진골 귀족이 신라라는 나라 자체를 인정하지 않고 새 나라를 세우려 했다는 것은 신라의 앞날에 먹구름을 드리우게 한 중대한 사건이었단다.

키워드 23　장보고

평민 출신으로 해상왕이 되다

전라남도 완도 앞바다에 있는 작은 섬 장도에 청해진 유적이 있어. 장보고는 이곳에 진을 치고 중국에서 한반도를 거쳐 일본으로 이어지는 바닷길을 차지해 큰 세력을 이루었지. 그래서 오늘날 사람들은 장보고를 해상왕이라고 부른단다. 장보고의 힘은 하늘 높은 줄 모르고 커졌고, 마침내는 신라 왕실까지 넘보게 되었어.

【해적이 무서워요】

신라가 삼국을 통일하기 전에 한반도 주변 바닷길을 차지한 나라는 백제였어. 백제는 중국에서 백제를 거쳐 일본으로 이어지는 문물 교역로를 운영하며 큰 이익을 얻었지. 삼국 통일 이후에는 그 바닷길을 신라가 관리하며 동아시아 무역을 이끌었어. 신라 왕들의 무덤에서 페르시아나 로마에서 만든 유리그릇과 유리구슬이 나오는 게 그 증거란다.

그런데 800년대에 들어오면서 한반도와 중국의 정세가 변하기 시작했어. 먼저 중국의 당나라에서는 몇 차례 반란이 일어나면서 황제의 권력이 약해졌어. 그 틈을 타고 지방에서 세력을 가진 자들이 일어나 제멋대로 자기 지방을 다스렸어. 그러자 먹고살기가 힘들어진 농민들은 이리저리 떠돌며 먹을 것을 찾아다녔지.

이런 일은 신라에서도 벌어졌어. 귀족들이 서로 왕 자리를 차지하려고 죽고 죽이는 반란을 되풀이하였지. 그런 와중에 예전에 없던 극심한 가뭄이 들자 농민들은 살기가 힘들어졌어. 그런데도 나라에서 세금만은 꼬박꼬박

챙기려고 하자 농민들은 나라에 대항하기 시작했지. 들판에 난 풀과 같은 도적 떼라고 하여 그들을 '초적'이라고 불렀어.

당나라와 신라의 상황이 이렇게 되었기 때문에 두 나라 모두 바닷길을 관리할 여유가 없었어. 그러자 바다에서도 육지에서와 비슷한 일이 벌어졌어. 바닷길을 제멋대로 차지하고는 지나가는 배를 습격해 물건을 빼앗아 가는 이들이 생긴 거야. 해적이 나타난 거지. 해적의 힘이 날로 강해지자 이제 나라에서 운영하는 바닷길은 사라져 버렸어. 곳곳의 해적들이 제 지역의 길목을 차지하고는 지나가는 배들에서 통행세를 받거나 약탈하고 있었지. 특히 이들은 배에 타고 있는 사람들을 붙잡아 노예로 만들어서 멀리 중국에 팔아 버리기도 했어.

800년대 중반 신라 주변의 바다는 법이 미치지 않는 위험한 곳이 되었어. 백성들은 언제 해적들이 들이닥쳐 약탈을 하고 사람을 붙잡아 갈지 몰라 늘 불안에 떨었어.

【 장보고, 청해진을 무대로 세력을 떨치다 】

장보고는 완도에서 태어난 바닷가 사람이야. 그래서 백성들이 해적 때문에 받는 고통을 잘 알고 있었지. 장보고는 출세하기 위해 젊은 시절 당나라로 건너가 그곳 서주(쉬저우) 지방을 다스리던 지방 세력 아래로 들어갔어. 장보고는 군인으로 많은 공을 세우며 출세했지만, 그곳에서도 신라 백성들이 붙잡혀 와 노예로 팔려 가는 것을 보며 남몰래 눈물을 흘렸단다.

828년, 장보고는 당나라 생활을 정리하고 신라로 돌아가기로 결심했어. 더 이상 남의 나라를 위해 살 게 아니라 고통 받는 동포들과 함께하기로 한 것이지. 장보고는 귀국하자마자 곧바로 흥덕왕에게 가서, 병사 1만 명만 주면 해적을 소탕하고 바닷길을 되살려 놓겠다고 아뢰었어. 흥덕왕은 기꺼이 병사를 내주어 청해(지금의 완도)에 진을 세우게 하고, 장보고에게 청해진 대사라는 관직을 내렸지. 장보고가 청해에 군사 기지를 설치한 것은 그곳이 동아시아 항로의 중심이었기 때문이야.

장보고는 청해진에서 병사들을 잘 훈련시킨 뒤 서해에 출몰하는 해적들을 무찔러 나갔어. 신라의 해직뿐만 아니라 당나라의 해적까지 말끔하게 소탕했지.

장보고는 해적을 소탕하는 데 그치지 않고 당나라에서 신라를 거쳐 일본으로 이어지는 바닷길을 차지하고는 이들 나라의 교역을 이어 주는 일을 떠맡았어. 이제 당나라·신라·일본 세 나라의 사신이나 상인들은 누구든 장보고를 통해야만 바닷길을 오갈 수 있었어.

법화원과 장보고 동상 장보고가 중국 산동성에 세운 법화원은 오늘날까지 보존되어 있다. 중국은 그 안에 동상을 세워 장보고의 업적을 기리고 있다.

사업이 날로 번창하자 장보고는 당나라의 산동(산둥) 반도에 법화원이라는 큰 절을 세웠어. 단순히 불경만 외는 곳이 아니라 당나라를 오가는 신라 사람들이 편안하게 머물 수 있게 한 곳이었지. 예전에 신라 사람들이 이곳에 노예로 팔려 오는 것을 보았던 장보고였기에 더욱 신경 써서 만든 거야.

법화원이 큰 인기를 얻자 당나라의 항구 도시마다 신라 사람들이 머물 숙소를 지었어. 그것을 신라관이라고 했는데, 오늘날의 호텔이나 여관 같은 곳이었지. 장보고는 이웃 나라인 일본 사람들도 신라관에 머물 수 있게 해 주었어. 이곳에서 묵고 간 일본 사람들 중에는 장보고에게 감사 편지를 보낸 사람도 많았다는구나.

【시대가 안겨 준 장보고의 꿈】

장보고의 세력은 날로 커져 갔어. 반면에 신라 왕실은 거듭되는 반란으로 휘청거리고 있었지. 이런 가운데 장보고는 김헌창의 반란 이후 신라의 혼란스러운 모습을 보며 깊은 생각에 잠겼어. 김헌창은 한낱 지방관에 지나지 않았지만, 김헌창이 반란의 깃발을 치켜들자 순식간에 나라의 절반이 그의 편에 섰었지. 그래서 장보고도 자신의 세력 정도면 왕위에 도전해 볼 수 있지 않을까 하는 생각이 들었던 거야.

때마침 기회가 왔어. 왕위를 두고 다투다 패한 귀족 김우징이 청해진으로 피신해 온 거야. 장보고는 김우징을 보호해 주면서 서로 약속했어. 장보고가 김우징을 도와 왕이 되게 해 주면, 김우징은 장보고의 딸이 왕실과 혼인을 맺도록 해 주기로 말이야. 두 사람의 계획은 착착 진행되어 839년, 김우징은 장보고의 도움을 받아 군대를 이끌고 경주로 쳐들어가 왕을 죽이고 왕위에 올랐어. 그가 신무왕이야.

그런데 왕위에 오른 신무왕은 장보고와 한 약속을 지킬 겨를도 없이 여섯 달 만에 죽고 말았어. 신무왕의 아들 문성왕이 왕위를 이어받았지. 장보고는 문성왕에게 아버지 신무왕과 한 약속을 이어받아 자기 딸을 왕비로 삼으라고 요구했어. 하지만 신하들이 절대 안 된다고 들고일어났어. 장보고가 진골 귀족이 아니라 평민 출신이었기 때문이야.

배반당한 장보고는 숨을 씩씩 몰아쉬며 두 주먹을 불끈 쥐었지. 왕실에서는 장보고가 틀림없이 반란을 일으킬 거라고 보고 미리 자객을 보내 암살해 버렸어. 동아시아 바다를 주름잡던 해상왕 장보고의 최후는 이렇게 허무하게 끝나고 말았단다.

장보고의 비극은 청해진의 영웅에 만족하지 않고 왕실과 관계를 맺어 귀족 신분이 되려고 한 데 있었어. 하지만 그가 살았던 시대는 분명히 그와 같은 평민 출신도 왕의 자리를 꿈꿀 수 있는 시대였어. 그만큼 신라의 통치 체제가 크게 흔들리고 있었던 거야.

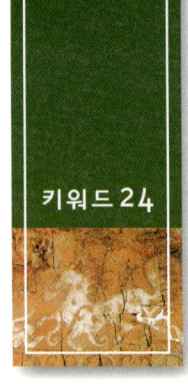

키워드 24 최치원

천재 최치원도 신라를 살릴 수 없었다

최치원은 신라 최고의 천재였어. 얼마나 글을 잘 썼는지, 읽는 사람마다 감동하지 않는 이가 없었어. 최치원은 글만 잘 쓴 게 아니라 쓰러져 가는 신라를 걱정하며 나라를 되살리기 위해 온 힘을 기울였어. 하지만 안타깝게도 신라를 다시 살려 낼 수는 없었단다.

【앞길이 막힌 신동】

천재는 대개 어릴 때부터 남다른 모습을 보이지. 최치원도 마찬가지였어. 또래 아이들보다 일찍 글을 깨우쳤고, 열 살이 되었을 때는 벌써 유교 경전인 사서삼경을 술술 읽어 넘겼다는구나.

하지만 최치원의 아버지는 똑똑한 아들을 바라보면서 오히려 근심에 싸였어. 당시 신라의 지배층은 크게 진골과 6두품으로 나뉘었는데, 최치원 집안은 6두품이었어. 원래 6두품은 진골 귀족보다 낮은 신분이지만 능력에 따라 일정한 관직까지는 올라갈 수 있었지. 하지만 진골 귀족들끼리 권력을 차지하려고 서로 다투는 데 골몰하던 그 무렵에는 진골 귀족과 연줄이 닿아야 겨우 관직에 나아갈 수 있었어. 능력이 아무리 뛰어나도 권력자 편에 줄을 서지 않으면 출세할 수 없었던 거야.

【당나라에서 이름을 떨치다】

최치원의 아버지는 아들을 당나라에 유학 보내기로 결정했어. 오늘날로 치면 조기 유학인 셈이지. 당나라에서는 관리를 신분을 따져 뽑지 않고 과거 시험에 합격한 사람 중에서 임명했기 때문이야. 게다가 당나라에는 외국 유학생을 대상으로 치르게 하는 과거 시험이 따로 마련되어 있었거든.

최치원은 열두 살 때 당나라로 가는 배에 몸을 실었어. 최치원이 떠날 때 아버지는 굳은 표정으로 이렇게 말했어.

"10년 안에 과거에 합격하지 못하면 내 아들이라고 하지 마라. 나도 너 같은 아들을 두었다고 하지 않을 것이다."

물론 이것이 아버지의 진심은 아니었겠지. 아들이 한눈팔지 않고 열심히 공부하기를 바라는 마음뿐이었을 거야. 과연 최치원은 유학 생활 6년 만인 열여덟 살에 과거 시험에 합격했어. 당나라 사람들은 외국인이 그렇게 어린 나이에 합격한 것을 보고 깜짝 놀랐지. 하지만 그들이 깜짝 놀랄 일은 이제 시작일 뿐이었어.

그 무렵 당나라는 나라가 어지러운 데다 백성들은 나라에서 거둬 가는 세금 때문에 허리가 휠 지경이었어. 그러다가 879년, 황소라는 자가 농민들을 이끌고 반란을 일으켰지. 그들의 기세가 얼마나 높았는지 도읍 장안으로 쳐들어갈 태세였어.

그때 당나라에서 관직을 맡고 있던 최치원은 황소를 꾸짖으면서 항복하라는 글을 써서 보냈어. 이것이 그 유명한 「토황소격문」이란다. 꾸짖는 내용이 얼마나 매서웠던지, 황소가 글을 읽다가 침상에서 굴러 떨어졌다고 해. 그 뒤로 최치원은 당나라에서 더욱 유명한 인물이 되었어.

최치원 영정

【 나라를 구할 방안 '시무 10조' 】

최치원은 몸은 비록 당나라에 있지만 마음만은 언제나 신라를 향해 있었어. 신라가 왕실 다툼으로 어지러운 가운데 백성들이 고통을 받고 있다는 소식에 가슴이 아팠지. 그래서 스물여덟 살이 되던 해에 당나라 생활을 정리하고 마침내 고국으로 돌아왔어.

　최치원이 돌아오자 신라의 왕은 반갑게 맞이했지. 최치원의 이름이 이미 신라에까지 알려져 있었기 때문이야. 왕은 최치원에게 큰 벼슬을 내려 나랏일을 맡기고 싶어 했어. 하지만 귀족들은 최치원을 시기하여 높은 관직을 맡지 못하게 방해했단다. 그래서 최치원은 지방의 작은 마을을 다스리는 낮은 관직밖에 맡을 수 없었어. 이때의 심정을 최치원은 이렇게 읊었단다.

　가을바람에 괴로워하며 읊나니
　세상에 나를 알아주는 이 적구나.
　한밤중 창밖에 비가 내리고
　등불 앞에 외로운 마음 만 리를 달리네.

보리섬 큰 바위 충청남도 보령시 앞바다의 보리섬에 바위 8개가 병풍처럼 서 있는데, 최치원이 신라 말기에 어지러운 세상을 비관하여 전국을 유람할 때 이곳에 들러 바위에 한시를 새겨 넣었다고 한다. 하지만 오랜 세월에 글씨가 닳아서 내용은 알아볼 수 없다.

하지만 최치원은 지방에서 일하면서 백성들이 겪는 고통을 더 속속들이 알 수 있었어. 이대로 가다가는 나라가 망하고 말 것 같았지. 그래서 그동안 연구하고 조사한 것을 바탕으로 나라를 되살릴 방안을 마련했어. 그것을 10개의 방안으로 정리한 글이 '시무 10조'란다.

최치원은 시무 10조를 진성 여왕에게 올렸어. 아쉽게도 그 내용은 오늘날 남아 있지 않아. 하지만 거기에는 신라의 문제가 진골 귀족들의 부패에 있으며, 이를 해결하기 위해서는 나라를 운영할 관리를 진골 귀족 중에서가 아니라 과거 시험을 통해 뽑아야 한다는 것이 중요한 내용으로 들어 있었을 거야. 당나라에서 지낸 경험과 자신이 신라에서 당한 설움을 통해 가장 절실하게 깨달았던 문제였기 때문이지.

하지만 최치원의 시무 10조는 받아들여지지 않았어. 물론 진골 귀족들이 결사적으로 반대했기 때문이야. 최치원은 관직을 버리고 세상을 떠돌다가 가야산 해인사로 들어가 버렸어. 최치원이 언제 죽었는지는 아무도 몰라. 다만 최치원이 남긴 절절한 시만이 사람들 마음속에 남아 있단다.

> 바라오니 욕심의 문을 굳게 닫아서
> 몸을 더럽히지 말지어다.
> 저 진주를 탐내는 무리들
> 죽음도 무릅쓰고 바닷속에 뛰어드네.
> 부귀를 탐내면 티끌에 물들기 쉽고
> 마음에 때 묻으면 허물 씻기 어려우리라.
> 담백한 이 생각 누구에게 말할까?
> 세상 사람들 모두 다 달콤한 술만 즐기고 있으니.

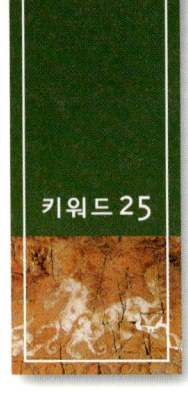

키워드 25 　원종과 애노의 난

못 살겠다, 갈아 보자!

원종과 애노는 신라의 평범한 농민들이었어. 그런데 계속되는 흉년으로 먹고 살기가 힘든 참에 나라에서는 세금만 쥐어 짜내려고 하자 더 이상 참을 수가 없었지. 그래서 같은 처지에 있던 농민들과 함께 봉기를 일으켰어. 신라의 중앙 정부는 이들을 막아 내기에는 힘이 부쳤지. 그들의 봉기는 쓰러져 가는 신라에 마지막 일격을 가한 셈이었단다.

【 귀족들의 권력 다툼에 등 터지는 농민들 】

800년대 끝 무렵으로 접어들면서 왕위를 둘러싼 신라 귀족들의 피비린내 나는 싸움은 더욱 치열해졌어. 이미 김헌창과 장보고의 반란으로 나라가 휘청거렸는데도 귀족들은 여전히 정신을 차리지 못했지. 이런 가운데 정강왕이 죽자 왕의 대가 끊어져 진성 여왕이 왕위를 이어받았어. 선덕 여왕과 진덕 여왕에 이어 신라의 세 번째 여왕이 된 거야.

왕위에 오른 진성 여왕은 먼저 나라의 창고를 열어 보았어. 텅텅 비어 있었지. 어떻게 된 일인지 알아보니, 지방에서 세금을 중앙 정부에 보내지 않는다는 것이었어. 진성 여왕은 크게 화를 내며 전국의 지방 관리들에게 세금을 거두어 정부에 보내라는 지시를 내렸지. 지방의 말단 관리인 촌주들은 지시에 따라 농민들에게서 세금을 거두려고 했어. 하지만 농민들에게는 세금으로 낼 곡식은커녕 당장 끼니를 이을 곡식조차 없는 형편이었어.

이 무렵 농민들이 얼마나 가난했는지는 효녀 지은 이야기가 잘 보여 준단다.

신라 촌락 문서 8세기나 9세기 무렵, 오늘날의 청주 지방에 있던 4개 마을의 둘레와 인구 수, 농사짓는 땅의 규모, 기르는 나무의 수, 소와 말의 수 등을 자세하게 기록한 문서이다. 세금을 매기기 위해 3년에 한 번씩 실제로 각 마을을 돌며 작성한 것으로 보인다.

【 효녀 지은 이야기 】

경주 분황사 동쪽 마을에 지은이라는 처녀가 살고 있었어. 어렸을 때 아버지가 돌아가셔서 눈먼 홀어머니를 모시고 살았지. 하루하루 남의 집 품팔이도 하고 구걸도 하면서 근근이 어머니를 봉양하다 보니 서른 살이 넘도록 시집도 가지 못했다는구나. 그런데도 날이 갈수록 살림은 더욱 어려워져서 입에 풀칠하기도 힘들었어.

생각다 못해 지은은 부잣집 종이 되기로 하고 그 대가로 쌀 열 섬을 받기로 했어. 그때부터 지은은 그 부잣집에서 종일토록 일하고 저녁에 곡식을 받아 집으로 돌아와서는 어머니에게 밥을 지어 드렸단다.

그런데 하루는 어머니가 딸을 붙잡고 이렇게 말하는 거야.

"애야, 전에는 거친 밥이라도 맛이 달더니, 요즘은 웬일인지 밥은 좋은데 전처럼 달지가 않구나. 밥을 먹으면 칼날로 속을 찌르는 것 같으니, 그 까닭을 알 수가 없구나."

어머니의 말에 지은은 사실대로 말씀드렸어. 어머니는 "나 때문에 네가 남의 종이 되다니, 내가 일찍 죽지 못한 것이 원망스럽구나." 하며 통곡을 했지. 지은도 어머니의 목을 껴안고 슬피 울어 눈물바다가 되었어.

그 뒤로 지은 모녀의 이야기는 널리 퍼져 나가 많은 사람들이 곡식을 보내 주었어. 모녀의 사연은 궁궐까지 알려져서 진성 여왕이 집 한 채와 곡식 500섬을 내려 주고, 도저이 들지 못하게 군인들을 보내 지키게 했다는구나.

【 원종과 애노, 봉기의 깃발을 들다 】

도읍 경주에 사는 지은네가 이 정도였으니 지방에 사는 농민들은 훨씬 더 살기가 힘들었지. 이런 와중에 나라에서 세금을 더 거두려고 하자 농민들은 견딜 수가 없었어. 어떤 농민들은 집을 버리고 떠돌이가 되어 구걸을 하며 근근이 먹고살았어. 그들 가운데 일부는 떠도는 도적 떼가 되어 부잣집을

털어서 입에 풀칠을 했지. 효녀 지은 이야기에서 집을 지킬 군인들을 보내 주었다는 것은 당시 도적들이 얼마나 많았는지, 그리고 경주 또한 도적들에게서 안전할 수 없었다는 사실을 말해 준단다.

상주에 살던 원종과 애노도 그런 농민들이었어. 하지만 원종과 애노는 자기들이 당하는 불행은 관리와 귀족들이 사치와 방탕한 생활을 일삼고 권력 다툼에 빠져 나라를 잘못 다스렸기 때문이라고 생각했어. 그래서 뜻이 같은 농민들을 불러 모아 봉기를 일으켰단다.

경주의 중앙 정부에서는 군대를 보내 진압하려고 했지. 그러나 원종과 애노가 이끄는 농민들은 눈에 보이는 게 없었어. 중앙 정부의 군대가 감히 그들을 공격할 엄두를 못 내자, 지방의 촌주가 나서서 공격했다가 성난 농민들에게 도리어 죽임을 당하고 말았지.

원종과 애노의 봉기가 어떻게 끝났는지는 기록에 나오지 않아. 하지만 분명한 것은 이제 더는 신라의 중앙 정부가 농민 봉기를 잠재우거나 지방을 통제하는 것이 어려워졌다는 사실이지. 그 뒤로 신라의 각 지방에서는 제2, 제3의 원종과 애노가 들고일어났단다. 천년 왕국 신라는 이렇게 운명을 다하고 점점 스러져 가고 있었어.

원종과 애노의 봉기는 권력을 차지하기 위해 서로 다툰 귀족들의 반란과는 성질이 달랐어. 하층민인 농민들이 조직을 갖추어 나라에 대항한 역사적인 사건이었지. 대부분의 역사에서 농민들이 들고일어나면 나라의 운명이 기울기 시작해. 왜냐하면 농업은 나라의 살림을 지탱해 주는 가장 기본적인 토대였기 때문이야. 신라도 원종과 애노의 봉기 이후 나라를 지탱할 힘을 완전히 잃게 되었단다.

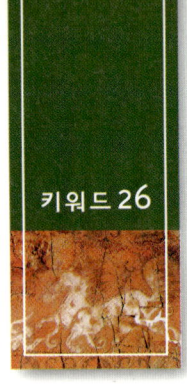

키워드 26 　마의 태자

신라의 멸망, 그리고 그 후

마의 태자는 신라의 마지막 임금 경순왕의 아들이야. 마의 태자는 '거친 삼베로 만든 옷을 입은 왕자'라는 뜻이란다. 신라가 망한 뒤 깊은 산속에 들어가 삼베옷을 입고 풀만 먹으며 살다 죽었다고 해서 붙여진 이름이지. 하지만 당시 신라 사람들은 마의 태자를 신라를 구하기 위해 끝까지 싸운 인물로 생각했단다. 그러면 마의 태자의 진실은 과연 어느 쪽일까?

【 운명이 다해 가는 신라 】

신라는 원종과 애노가 일으킨 봉기를 잠재우지 못했어. 이를 지켜본 전국의 백성들은 너도나도 들고일어났어. 결국 신라는 전국 대부분의 땅을 봉기를 일으킨 무리들에게 내주고 경주 부근만 다스리는 처량한 신세가 되었지.

돌이켜보면, 혜공왕이 살해당한 뒤 진골 귀족들이 서로 왕위를 차지하겠다고 피비린내 나는 싸움을 벌이면서 나라의 운명은 점점 기울기 시작했어. 진골 귀족들이 서로 욕심을 부리며 싸우자, 나중에는 장보고 같은 평민 출신까지도 왕실을 넘보기에 이르렀지.

이렇게 혼란이 거듭되자 나라의 살림은 바닥이 났고, 신라의 중앙 정부는 그것을 채우기 위해 백성들에게서 더 많은 세금을 거둬 가려고 했어. 그러자 이번에는 농민들이 봉기를 일으키기 시작한 거야.

왕이 전국을 다스릴 힘을 잃어버리자 지방 곳곳에서 힘 있는 자가 세력을 모아 일정한 지역을 차지하고는 왕 행세를 하기에 이르렀어. 견훤과 궁예 같은 이들이 그런 인물들이었지. 견훤은 자신이 세운 나라가 백제를 이어받았다고 주장했고, 궁예는 고구려를 이어받았다고 했어. 마치 삼국 통일 이전의 시대로 되돌아간 듯했지. 그래서 이때를 후삼국 시대라고 부른단다.

【마지막 왕자 마의 태자】

후백제·후고구려·신라가 서로 세력을 다투는 가운데, 궁예의 부하였던 왕건이 왕위에 오르자 점차 그의 주위로 여러 세력이 모여들었어. 견훤은 신라로 쳐들어가 경애왕을 죽이는 등 기세를 올렸지만 그만 내부에서 왕위를 놓고 다툼을 벌이는 바람에 힘이 약해졌지. 결국 견훤은 왕건에게 항복하고 말았어.

이렇게 되자 신라 경순왕은 이제 신라의 목숨은 다했다고 생각했어. 그래서 왕건에게 항복하기로 하고 신하들을 불러 놓고 의견을 물었어. 모두들 침통한 표정만 지을 뿐, 아무도 감히 말을 꺼내지 못했지. 이때 태자가 용감하게 나서서 말했어.

"나라가 흥하고 망하는 것은 하늘의 뜻에 달린 것입니다. 임금께서는 오직 충성스러운 신하들과 더불어 백성들의 마음을 한데 모아 굳게 대항해야 합니다. 그래도 안 되면 그때 가서 항복해도 늦지 않을 터인데, 어찌 천년 왕국을 하루아침에 쉽사리 남에게 넘겨주려 하십니까."

하지만 경순왕은 이미 왕건에게 항복할 결심이 선 뒤였어.

포석정 927년 신라의 경애왕이 이곳에서 왕비, 신하들과 함께 흐르는 물에 술잔을 띄우고 시 짓는 놀이를 즐기고 있었는데, 바로 그때 후백제의 견훤 군대가 쳐들어와 죽임을 당했다는 이야기가 전해진다.

"도와줄 이 하나 없으니, 이 위기를 헤쳐 나갈 길이 보이지 않는구나. 여기서 더 강해질 것도, 더 약해질 것도 없는 형편이다. 나는 더 이상 죄 없는 백성들이 참혹하게 죽어 가는 것을 지켜볼 수가 없다."

경순왕이 이렇게 말하자 태자는 크게 통곡을 했단다.

935년, 경순왕이 마침내 고려의 왕건에게 항복함으로써 나라를 세운 이래 거의 천 년을 이어 온 신라는 허무하게 멸망하고 말았어.

경순왕은 왕건에게서 후한 대접을 받고 왕건의 딸과 혼인까지 했단다. 하지만 마의 태자는 개골산으로 들어가 바위를 집으로 삼고 삼베옷을 걸치고 풀뿌리를 캐 먹다가 세상을 떠났다고 해.

【백성들의 마음속 영웅이 되다】

마의 태자가 들어간 개골산은 오늘날의 금강산이야. 그곳에는 마의 태자가 쌓았다는 산성과 그의 무덤이 유적으로 남아 있어. 하지만 마의 태자가 간 곳은 금강산이 아니라 강원도 인제라는 이야기도 전해 내려오고 있단다. 마의 태자가 경주를 떠나 여러 마을을 지나면서 흔적을 남겼는데, 그 발자취를 따라가 보면 알 수 있다고 해.

누이 덕주 공주와 함께 경주를 떠난 마의 태자는 계립령(지금의 문경에서 충주로 넘어가는 고개인 하늘재)을 넘어 중원경(지금의 충주)

미륵리 절터 석불 충청북도 충주 월악산 기슭에 있다. 마의 태자가 경주를 떠나 이곳에 도착하여 석굴암과 같은 모양의 석굴 사원인 미륵사를 지었다는 이야기가 전해지지만, 지금은 사라지고 미륵불만 남아 있다. 보물 96호.

에 도착했어. 이곳에서 마의 태자는 미륵사를, 덕주 공주는 그 맞은편에 덕주사를 세워 부처님께 신라를 지켜 달라고 빌었대. 오늘날 덕주사 마애불에 그 전설이 전해지고 있지.

마의 태자 일행은 중원경의 남한강에서 배를 타고 물길로 지금의 양평에 이르렀어. 이곳에 용문사라는 절이 있는데, 그 앞에 아주 오래 묵은 은행나무가 한 그루 있어. 이 은행나무는 마의 태자가 이곳에서 잠시 쉬며 꽂아 놓은 지팡이가 자란 것이라고 해.

마의 태자는 그곳에서 북으로 홍천을 지나 인제에 도착했어. 오늘날 인제에 남아 있는 '김부리'라는 마을 이름이 그 증거야. '김부'는 신라의 마지막 왕인 경순왕의 본래 이름이지. 아마도 마의 태자가 이곳에 이르러 신라가 아직 망하지 않았다는 뜻으로 아버지의 이름을 따서 마을 이름을 지었던 것은 아닐까. 실제로 김부리의 서낭당에서는 해마다 마의 태자에게 제사를 지내는 풍습이 전해 내려오고 있단다.

김부리 가까이에 있는 한계령에는 한계산성이 남아 있어. 사람들은 마의 태자가 이 산성을 쌓았다고 믿고 있어. 만약 이것이 사실이라면 마의 태자는 세상을 등지고 이곳으로 온 게 아니었던 거야. 산성을 쌓고 세력을 키워 신라를 되살리려고 했던 거지.

어느 쪽이 진실인지는 오늘날 우리가 함부로 단정할 수 없어. 그렇지만 신라가 고려의 왕건에게 항복했을 때, 신라 백성들은 신라가 망했다는 사실을 인정하기가 싫었을 거야. 누군가 영웅이 나타나서 신라를 다시 구해 줄 거라고 믿고 싶었겠지. 그러한 마음이 모여서 마의 태자 전설이 만들어졌을지도 몰라.

4 발해

한때는 신라가 삼국을 통일한 이후 시대를 '통일 신라 시대'라고 했어. 하지만 이 시기에 한반도 북쪽 땅에서 일어난 또 하나의 우리 민족이 있었어. 우리에게 한동안 잊혀졌던 나라, 발해란다. 이전에는 발해를 말갈족의 나라로 잘못 생각했지만, 발해를 건국한 세력이 고구려의 유민들이고 발해가 고구려를 이어받은 나라였다는 사실이 밝혀졌어. 그래서 이제는 남쪽 신라와 북쪽 발해가 서로 경쟁하며 공존했던 이 시기를 남북국 시대라고 부른단다. 그러고 보니 발해가 과연 어떤 나라인지 슬슬 궁금해지지 않니?

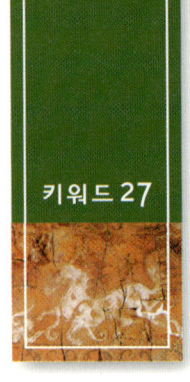

키워드 27 대조영

발해는 어떻게 세워졌나

신라는 삼국을 통일했지만 고구려의 영토까지 차지하지는 못했어. 그래서 신라의 삼국 통일은 완전한 통일이 아니라고 보는 사람도 있지. 신라가 차지하지 못한 고구려 땅은 처음에는 당나라가 차지했어. 하지만 그것은 잠깐뿐이었어. 신라와의 전쟁에서 진 당나라가 물러간 뒤 20년 만에 고구려의 후손들이 일어나 발해를 세웠거든. 발해가 건국됨으로써 이제 한반도는 대동강을 경계로 남쪽 신라와 북쪽 발해가 이웃하는 남북국의 형세를 띠게 되었단다.

【 고구려의 땅과 백성들 】

668년, 나·당 연합군이 평양성을 점령하자 고구려의 보장왕은 항복하고 말았어. 승리한 당나라는 고구려의 왕족을 비롯해 많은 사람들을 당나라로 데려갔어. 하지만 그들은 전체 고구려 백성들 가운데 일부에 지나지 않았어. 대부분의 고구려 백성들은 이전처럼 고구려 땅에 남아서 당나라의 지배를 받으며 살아야 했지. 이때 신라가 당나라와 맺은 동맹을 깨고 당나라를 몰아내기 위해 전쟁을 시작했어. 그러자 고구려 백성들은 신라와 함께 당나라에 대항해 싸웠지.

당나라는 고구려를 멸망시킨 뒤 고구려의 도읍인 평양성에 안동 도호부라는 관청을 두어 다스리려고 했어. 하지만 당나라는 신라와 벌인 전쟁에서 지는 바람에 안동 도호부를 요동(랴오둥) 지방으로 옮겨야 했지. 그러다 보니 대동강에서 압록강에 이르는 옛 고구려 땅은 겉으로는 당나라의 지배를 받는 것으로 돼 있지만, 실제로는 어느 누구의 지배도 미치지 않는 공백 상태가 되었어.

【고구려의 후예 대조영】

이 무렵 당나라는 국경을 위협하는 두 세력과 맞닥뜨리게 되었어. 하나는 서쪽에서 일어난 토번이었어. 토번은 오늘날의 티베트에 해당하는 지역을 터전으로 큰 나라를 이루고 당나라를 위협했어. 또 하나는 북쪽에서 일어난 돌궐이었어. 돌궐은 초원에서 살아온 유목 민족이어서, 농사를 짓는 당나라 땅을 공격해 식량을 약탈하려고 눈독 들이고 있었지.

당나라는 서쪽과 북쪽에 눈길을 돌리느라 동쪽 요하(랴오허 강) 일대는 신경 쓸 틈이 없었어. 이 지역에는 오래전부터 말갈족이 살아오고 있었어. 그들은 고구려에 정복당한 뒤로 고구려 백성으로 살았는데, 고구려가 멸망하자 여러 부족으로 나뉜 채 흩어져 살았지. 이들 말갈족이 당나라의 지배가 미치지 못하는 틈을 노려 요서(랴오시) 지방에서 당나라에 대항하는 반란을 일으켰어.

그런데 이 말갈족 무리 가운데 대조영이라는 인물이 섞여 있었어. 대조영은 원래 고구려의 장군이었어. 당나라는 멸망한 고구려가 다시 일어나지 못하도록 고구려 백성들을 여러 곳에 흩어져 살게 했는데, 대조영도 말갈족에 섞여 요서 지방으로 쫓겨나 살고 있었지.

이때 대조영은 생각했어.

'지금 당나라는 주변이 어수선해서 요하 일대를 단속할 여유가 없다. 그렇다면 요동 지방으로 가서 옛 고구려 백성들을 모아 새 나라를 세워야겠다.'

대조영이 이런 뜻을 밝히자 옛 고구려 백성들이 속속 모여들었어. 말갈족도 그 대열에 합세했지. 얼마 지나지 않아 대조영은 큰 세력을 이루게 되었단다.

동모산 중국의 길림성 돈화시 부근에 있는 성산자산이 대조영이 발해를 건국한 첫 도읍 동모산일 것으로 추정하고 있다. 산 위에는 둘레가 2킬로미터인 산성이 남아 있다.

 그러나 당나라는 여전히 강대국이었어. 요하 일대에서 일어나는 움직임을 알고는 가만두면 안 되겠다고 생각해 군대를 출동시켰어. 부족 단위로 흩어져 있던 말갈족은 당나라군에게 금세 진압당하고 말았지. 대조영은 당나라와 정면으로 대결하기에는 아직 힘이 부족하다고 생각했어. 그래서 무리를 이끌고 당나라에서 멀리 떨어진 동쪽으로 옮겨 갔어.
 하지만 당나라군은 대조영 무리를 끝까지 추격했어. 대조영은 더 이상 대결을 피할 수 없다고 생각하고 싸우기에 유리한 장소를 찾았지. 그리하여 천문령 고개를 싸움터로 택했어. 이곳은 요동 지방에서 만주로 이어지는 길목인데, 오늘날의 길림성(지린 성) 합달령일 것으로 추측하고 있지.

　이곳에서 진을 치고 있던 대조영은 뒤쫓아 오는 당나라의 이해고 부대를 크게 무찔렀어. 이해고는 겨우 목숨만 건져 돌아갈 수 있었지. 그 뒤 대조영은 천문령을 넘어 계속 동쪽으로 이동했어. 그러자 당나라는 더 이상 뒤를 쫓을 수 없게 되었어. 대조영은 무리를 이끌고 동모산 기슭에 이르렀어. 동모산은 오늘날 길림성 돈화시(둔화 시) 성산자산일 것으로 추정하고 있어.

　고구려가 멸망한 지 30년 만인 698년, 대조영은 동모산 기슭에서 고구려를 이어받은 나라 발해를 세우고 왕이 되었어. 그러자 수많은 옛 고구려 백성들이 이곳으로 몰려들었단다.

　발해는 고구려 출신 사람들이 나라의 중심을 이루고 말갈족을 다스리면서 점차 큰 나라로 성장해 나갔어.

고구려를 계승한 발해 문화

발해를 건국한 대조영 세력은 고구려가 멸망한 뒤 중국 땅에 흩어져 있던 유민들이 모여 이루어진 집단이다. 따라서 발해의 문물은 고구려와 크게 다르지 않은 모습을 보인다.

발해(위)와 고구려(아래)의 기와

글자가 새겨진 금동판 함경남도 신포시 오매리 절골에 있는 발해의 유적 터에서 발견되었다. 고구려 때 만들어진 금동판이 발해의 유적에서 발견된 것으로 보아, 발해가 들어선 뒤에도 고구려의 영역이었던 지역의 주민이나 문화 등이 고구려에서 발해로 자연스럽게 계승되어 갔다는 것을 알 수 있다.

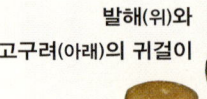

발해(위)와 고구려(아래)의 귀걸이

발해(위)와 고구려(아래)의 집 모양 토기
집의 형태와 창문 같은 구멍을 뚫은 점이 비슷하다.

발해(왼쪽)와 고구려(오른쪽)의 토기
둘 다 입이 나팔처럼 벌어지고 띠고리 손잡이가 달려 있다.

발해(위)와 고구려(아래)의 온돌
오매리 절골과 아차산 제4보루에서 각각 출토되었다. 이를 통해 발해 또한 고구려와 마찬가지로 온돌을 사용했다는 것을 알 수 있다.

【 동북아시아의 당당한 나라 발해 】

나라를 세운 대조영은 생각했어. 발해가 쉽게 무너지지 않을 튼튼한 나라가 되려면 무엇보다 당나라로부터 하나의 당당한 국가로 인정받아야 한다고 말이야. 그런데 당나라가 발해를 인정하게 하려면 국제 관계를 잘 이용해야 한다고 보았지.

대조영은 먼저 당나라와 대결하고 있던 돌궐에 사신을 보내 외교 관계를 맺었어. 그러잖아도 돌궐 때문에 골치를 썩고 있던 당나라는 발해가 돌궐과 손을 잡자 발해를 함부로 건드릴 수 없게 되었지.

대조영은 다음으로 신라에 사신을 보내 외교 관계를 맺자고 했어. 신라는 나·당 전쟁에서 당나라를 물리쳤지만 당나라가 언제 다시 쳐들어올지 몰라 속으로는 걱정이 많았어. 그러던 참에 발해가 한반도 북쪽을 차지하면 당나라가 직접 신라로 쳐들어올 수 없게 될 것이므로 기꺼이 발해와 외교 관계를 맺었지.

발해가 돌궐·신라와 외교 관계를 맺으며 점점 나라의 힘을 키워 가자, 당나라는 발해를 더 이상 무시할 수 없었어. 그래서 발해를 하나의 나라로 인정하고 외교 관계를 맺었지. 대조영이 뜻했던 대로 이루어진 거야.

이렇게 해서 발해는 옛 고구려 땅을 차지한 동북아시아의 당당한 나라가 되었단다.

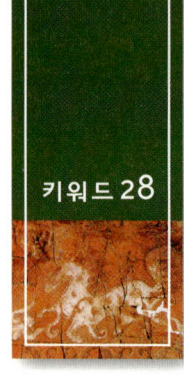

키워드 28 　무왕

성격이 판이한 두 형제, 무왕과 대문예

발해를 세운 대조영에게는 아들이 둘 있었어. 맏이는 대무예이고, 둘째는 대문예였지. 형은 왕위에 올라 무왕이 되었는데, 동생 대문예는 형과 성격이 너무나 달랐어. 나라를 이끄는 방향에 대한 의견도 정반대였지. 무왕은 나라를 위해 동생을 버려야 했어. 형제의 의리보다 나라를 위하는 마음이 더 컸기 때문이야.

【 발해와 말갈, 그리고 당나라 】

719년, 대조영이 죽자 맏아들 대무예가 왕위를 이어받아 무왕이 되었어. 무왕은 아버지의 뒤를 이어 나라의 기틀을 확실하게 세워야 한다고 생각했지.

우선 무왕의 앞에 놓인 숙제는 흑수말갈이라는 말갈족의 한 부족에 대한 것이었어. 흑수말갈은 발해 북쪽에 자리 잡고 있어서 선진국인 당나라와 교류하려면 발해를 지나가야만 했어. 이 때문에 발해의 눈치를 봐야 했는데, 그들은 이것이 늘 불만이었지. 결국 흑수말갈은 발해를 통하지 않고 직접 교류하자고 당나라에 제안했어. 당나라는 당연히 이를 받아들였지. 흑수말갈을 통해 발해를 견제할 수 있다고 여겼기 때문이야.

사태가 이렇게 되자 흑수말갈을 괘씸하게 여긴 무왕은 군대를 보내 혼을 내주어야겠다고 생각했지. 무왕은 이런 생각을 동생 대문예에게 전하고 동생에게 직접 군대를 이끌고 출동하라고 했어.

【 무왕과 대문예의 의견 차이 】

그런데 대문예의 생각은 달랐어. 대문예는 대조영이 당나라와 외교 관계를 맺을 때 당나라에 보냈던 둘째 왕자로, 그 무렵 당나라에 머문 적이 있었어. 그래서 당나라의 사정을 잘 알고 있었지. 당시 당나라는 총명한 황제인 현종이 나라를 잘 다스려 기운이 크게 뻗치고 있었어.

대문예가 보기에 지금은 당나라의 비위를 건드릴 때가 아니었어. 자칫하다가는 세운 지 얼마 안 되는 발해가 강대국 당나라의 공격을 받아 무너질 수도 있다고 판단했지. 그래서 형 무왕에게 지금은 흑수말갈을 공격하지 말았으면 좋겠다고 말했어. 그러나 무왕은 뜻을 굽히지 않고 어서 군대를 이끌고 출동하라고 명령했어. 할 수 없이 군대를 이끌고 국경선에 이른 대문예는 다시 한 번 무왕에게 공격 명령을 거두어 달라고 요청했어.

무왕은 비록 자기 동생이지만 왕의 명령을 듣지 않는 것에 화가 났어. 이런 식으로 왕의 명령을 무시하다 보면 나라의 기틀이 흔들릴 거라고 생각했지. 그래서 동생은 돌아오게 하고 다른 사람을 사령관으로 임명해 흑수말갈을 공격하게 했어. 대문예는 무왕이 자기를 해칠 것이라 생각하고 그 자리에서 짐을 싸 당나라로 도망가 버렸지.

소식을 들은 무왕은 화가 머리끝까지 치밀었어. 그래서 당나라에 사신을 보내, 대문예는 반역죄를 저지르고 도망간 자이니 붙잡아 처형해 달라고 요구했어. 하지만 당나라에서는 들은 척도 안 했단다.

사태가 이 지경에 이르자 무왕은 어차피 언젠가 당나라와 한판 붙어야 하는데 지금이 바로 그때라고 생각했어. 무왕은 이를 위해 먼저 일본에 사신을 보내 외교 관계를 맺었어. 주변 나라들과 외교 관계를 튼튼

투구와 창 투구는 발해의 도읍 상경 용천부 터에서 출토된 것을 복원한 것이고, 창은 성산자산성에서 출토된 것이다. 단단한 투구의 모습을 통해 발해 무사의 힘찬 기상을 읽을 수 있다.

히 해 놓은 다음에 당나라와 일전을 벌이려고 한 거지.

드디어 732년, 무왕은 장문휴 장군을 사령관으로 하여 당나라로 쳐들어 갔어. 육지의 국경선은 당나라가 철통같이 지키고 있어서 배로 바다를 건너 산동반도의 등주(덩저우)를 기습 공격했지. 발해군은 등주성의 우두머리를 죽이고 등주를 점령했어.

당나라는 발해의 기습 공격에 당황했지만 곧 정신을 차리고 신라에게 발해를 공격해 달라고 요청했어. 다른 한편으로는 도망 와 있던 대문예를 사령관으로 삼아 발해군에 맞서게 했지.

그런데 마침 그때는 겨울이라 대문예가 이끄는 병사들 중에는 북부 지방의 모진 추위에 얼어 죽는 이들이 많았어. 대열을 벗어나 도망가는 이들도 많았지. 그러자 대문예는 후퇴할 수밖에 없었어.

발해 남쪽 국경선에 이른 신라군도 추위를 이기지 못하고 많은 병사가 얼어 죽는 바람에 후퇴하고 말았어. 당나라 영토 안으로 쳐들어간 발해군은 승리를 거두고 돌아왔지.

【 발해의 기틀을 다진 무왕 】

이렇게 무왕은 말갈족을 공격해 굴복시키는 한편 강대국 당나라와 당당하게 맞서 싸웠어. 그리하여 발해는 어느덧 당나라와 어깨를 겨루는 강대국이 되었어. 영토도 옛 고구려 땅 대부분을 차지하게 되었지.

만약 무왕이 나라의 장래를 생각하기보다 동생의 말에 더 귀를 기울였다면 발해의 운명은 크게 달라졌을 거야. 무왕의 과감하고 단호한 지도력 덕분에 발해는 나라의 기틀이 단단해졌고, 앞으로 더욱 크게 발전할 토대를 갖출 수 있었단다.

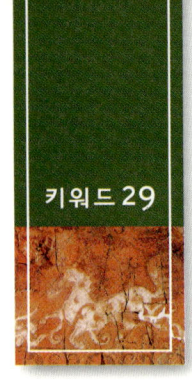

키워드 29 　해동성국

동아시아의 강대국으로 우뚝 선 발해

발해가 전성기에 이르렀을 때 당나라는 발해를 해동성국, 곧 '바다 동쪽에 있는 큰 나라'라고 불렀어. 발해가 나라를 세웠을 때 발해를 무너뜨리려고 전쟁까지 했던 것에 견주면 큰 변화였지. 이처럼 당나라조차 발해를 강대국으로 인정하지 않을 수 없도록 기틀을 세운 임금이 3대 문왕이었단다.

【 당나라한테 배워라 】

무왕이 죽자 아들 대흠무가 왕위에 올라 문왕이 되었어. 왕위에 오른 문왕은 생각했어. '발해는 이제 주변 나라들과 어깨를 겨룰 만큼 충분한 힘을 가졌다. 이제부터는 주변 나라들과 맞서기보다는 친하게 지내며 나라를 더욱 부강하게 만들어야 할 때다.'라고 말이야.

그래서 문왕은 먼저 당나라에 사신을 보내 외교 관계를 맺고 친한 이웃이 되고 싶다는 뜻을 알렸어. 당나라에서도 이제 힘이 부쩍 커진 발해와 계속 힘겨루기를 하기에는 지쳐 있었지. 그래서 발해와 당나라는 외교 관계를 맺고 교류하기 시작했어. 문왕은 사신을 자주 보내 당나라의 앞선 문물을 배워 오게 하고, 그것을 토대로 발해의 제도를 바꾸어 나갔지.

그런데 나라가 점점 커지다 보니 대조영이 세운 도읍은 이제 너무 비좁아졌어. 그래서 문왕은 두만강 하류의 중경으로 도읍을 옮겼어. 그곳도 좁을 정도로 나라가 커지자 목단강(무단 강) 유역의 상경으로, 또 오늘날 훈춘 지역인 동경으로 거듭해서 도읍을 옮겼어. 문왕이 다스리는 동안 나라가 계속 커져 갔던 거야.

문왕은 새 도읍을 설계할 때 당나라의 도읍 장안을 참조하게 했어. 오늘날 발굴한 상경성 유적을 보면 도읍의 시가지와 왕궁의 배치가 장안을 많이 닮았다는 것을 알 수 있단다.

　나라의 제도를 정비할 때도 당나라의 중앙 통치 제도를 받아들였어. 중앙 관청으로 정당성·중대성·선조성의 3성을 두고, 정당성 아래에는 다시 충부·인부·의부·지부·예부·신부 등 6부를 두었지. 이는 당나라의 중서성·문하성·상서성의 3성과 이부·호부·예부·병부·형부·공부의 6부 제도를 받아들여 발해 식으로 만든 것이었어.

《당나라와 발해의 3성 6부》

발해의 3성 6부는 당나라의 제도를 모방한 것이지만 운영 방식은 독자적이었다. 3성 가운데 정당성의 권한이 가장 커서 정당성 장관인 대내상이 3성을 이끌었고, 6부도 정당성 아래에 두고 직접 관할했다.
6부의 명칭은 유교의 덕목을 빌려 정함으로써 유교적 통치 이념을 확실하게 드러냈다.

해동성국 167

문왕은 겉으로 드러나는 제도만 따라 한다고 선진국이 되는 것은 아니라는 점을 잘 알고 있었어. 그래서 당나라의 여러 제도가 유교 사상을 토대로 하고 있었으므로 당나라에 유학생을 보내 유학을 배우게 했지. 그들은 나중에 발해로 돌아와 유교의 가르침에 따라 나라를 운영하도록 도왔어.

한편 그 무렵 당나라에서는 불교가 크게 유행하고 있었어. 당나라에서 불교를 장려한 것은 사람들이 부처를 섬기는 마음으로 황제를 섬기게 함으로써 나라의 힘을 하나로 모을 수 있기 때문이었지. 문왕도 불교를 받아들여 백성들의 마음을 하나로 모으려고 했어. 얼마 지나지 않아 발해의 도읍인 상경성에는 큰 절들이 지어지고 사람들은 두 손을 합장하고 불경을 외우기 시작했단다.

삼채 그릇 발해에서 많이 쓰인 삼채 그릇은 당나라의 삼채를 모방한 것이다. 당삼채는 도기에 입히는 유약에 흰색·푸른색·갈색 등 세 가지 색을 넣어 화려하게 만든 그릇이다.

【 황제의 나라 발해 】

발해는 당나라의 문물을 받아들였지만, 그렇다고 당나라의 속국이 된 건 전혀 아니었어. 발해는 고구려를 이어받은 나라인 만큼 고구려 문화가 바탕을 이룬 나라였어. 여기에다 당나라의 문물을 받아들여

나란히 앉은 두 부처 발해 유적인 팔련성의 한 절터에서 나온 것으로, 석가와 다보 두 여래상이 나란히 앉은 모습을 표현하고 있다.

정효 공주 무덤 벽화와 묘비 정효 공주의 무덤 벽에 열두 사람이 그려져 있어 발해 사람들의 생김새며 차림새 등을 알 수 있다. 묘비에는 정효 공주에 관한 내용과 함께 문왕의 어진 정치에 대해서도 쓰여 있는데, 문왕을 '황상'이라고 하여 중국의 황제와 동등한 자격으로 생각했다는 것을 알 수 있다.

더욱 발전시킴으로써 부강한 나라가 되었고, 그리하여 당나라와 어깨를 겨룰 만큼 강대국으로 커 갔지.

그러자 당나라가 발해를 대하는 태도도 바뀌었어. 이전까지는 발해를 중국의 행정 구역인 '군(郡)'으로 불렀지. 발해가 진짜 당나라의 행정 구역이어서가 아니라 그만큼 발해를 낮춰 보았다는 뜻이야. 하지만 이제는 발해를 공식적으로 한 나라로 인정해 '발해국'으로 부르기 시작했어.

나라가 날로 부강해지자 문왕은 주변 나라들에 대해 자신감을 갖게 되었어. 그래서 왕의 호칭을 황제로 바꾸었지. 당시 황제 호칭을 쓰는 나라는 당나라밖에 없었어. 실제로 문왕의 넷째 딸 정효 공주의 묘비에 새겨진 글을 보면 문왕을 황제라고 불렀다는 사실을 알 수 있어. 이것은 문왕이 발해를 당나라와 대등한 강대국으로 생각했다는 것을 알려 준단다.

〔발해의 5경 15부〕

【해동성국으로 불리다】

문왕이 다져 놓은 나라를 이어받아 더욱 발전시킨 임금은 10대 선왕이었어. 818년 왕위에 오른 선왕은 나라를 동쪽과 북쪽으로 더욱 넓혀 나갔어. 그곳에는 말갈의 여러 부족이 살고 있었는데, 그들을 차례로 점령해 발해 땅으로 만들어 갔지. 그 결과 선왕이 다스리던 시대에 발해는 옛 고구려 영토보다도 더 넓은 지역을 차지하게 되었어. 선왕은 넓어진 국토를 잘 다스리기 위해 도읍 상경 용천부를 비롯해 중경 현덕부, 동경 용원부, 서경 압록부, 남경 남해부 등 5경을 두고, 전국을 15부로 나누었어. 각 부 아래에는 62개의 주를 두었지.

발해의 눈부신 성장은 주변 나라들의 부러움을 샀어. 그래서 당나라에서는 발해를 '바다 동쪽에 있는 큰 나라'라는 뜻으로 '해동성국'이라고 불렀단다.

【신라를 제치다】

선왕 이후 발해 사람들은 점차 신라를 거만한 자세로 대하기 시작했어. 이전까지는 문화 면에서 신라를 더 발달한 나라로 인정했지만, 이제는 순서가 뒤바뀔 때가 되었다고 생각한 거지.

이를테면 당나라에 간 발해 사신들은 자신들의 자리를 신라 사신들보다 높은 곳으로 해 달라고 당나라에 요청하기도 했어. 이것은 괜한 트집이 아니었어. 당나라에는 외국 유학생들만 치르는 '빈공과'라는 과거 시험이 있었어. 이 시험의 수석 합격자는 대부분 신라 사람들이었지. 그런데 이즈음에는 발해 사람이 수석 합격을 했으니, 발해 사람들의 어깨가 으쓱할 만도 했지.

고구려는 멸망했지만 고구려를 이어받은 발해는 고구려에 뒤지지 않을 만큼 부강한 나라가 되어 동아시아를 호령했단다.

발해의 문인들이 쓰던 벼루
도읍인 상경 용천부에서 나온 벼루들이다. 깨어진 벼루에는 관리로 보이는 사람 모습이 새겨져 있다. 이 벼루의 주인이 아닐까?

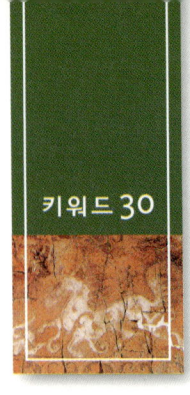

키워드 30 　상경 용천부

해동성국의 도읍, 상경 용천부

어느 나라든 왕궁이 있는 도읍을 정하는 것은 중요한 일이었어. 발해도 마찬가지였지. 도읍을 정하는 문제를 깊이 생각한 사람은 문왕이었어. 문왕이 다스리던 시대에 발해가 동북아시아의 강대국으로 크게 성장했기 때문이야. 문왕은 도읍을 여러 차례 옮겼지만, 160여 년 동안 발해와 동북아시아의 중심 도시 역할을 한 도읍은 상경 용천부였단다.

【 가장 좋은 도읍을 찾아서 】

발해를 건국한 대조영이 맨 처음 도읍으로 정한 곳은 동모산이었어. 대조영은 당나라와 가까운 요서 지방의 영주에서 세력을 일으킨 뒤 당나라의 공격이 미치지 못할 먼 곳으로 옮겨 도읍을 세웠는데, 그곳이 바로 동모산이었지. 따라서 발해의 도읍은 외적을 막기에 편리한 산 위에 자리 잡고 있었어.

그런데 문왕이 다스리는 시기에 이르러 발해는 나라의 기틀이 튼튼해지고 땅도 꽤 넓어졌어. 문왕은 나라가 커진 만큼 도읍도 나라 한가운데에 위치한 넓은 곳에 자리 잡아야 한다고 생각했지. 그래서 도읍을 동모산에서 좀 더 동쪽에 있는 넓은 평야 지대로 옮겼어. 그곳이 바로 중경 현덕부야.

중경으로 옮긴 지 몇 년이 지나자 발해는 더욱 성장해 강대국이 되었어. 이젠 중경도 도읍으로서는 좁았지. 특히 주변에 큰 강이 없어 도읍으로 적당하지 않았어.

고대의 나라들은 도읍을 반드시 큰 강이 있는 곳에 세웠어. 고구려의 국내성은 압록강, 평양성은 대동강, 백제의 하남 위례성은 한강, 사비성은 금강, 신라의 금성은 형산강 근처에 자리를 잡았지.

　문왕도 도읍을 세울 만한 큰 강을 찾아보았어. 둘러보니 주변에서는 목단강이 도읍을 정하기에 가장 적당한 강이었어. 드디어 755년, 문왕은 도읍을 목단강 중류인 오늘날의 흑룡강성 영안으로 옮기고 상경 용천부라고 이름 붙였어.

【 동북아시아의 중심 도시, 상경 용천부 】

상경은 목단강이 남서쪽에서 북쪽을 돌아 북동쪽으로 흘러가는 곳 근처에 있는 평탄한 땅에 자리 잡았어. 주위에 큰 산이 없어서 외적의 침입을 막기에는 적당하지 않았지만, 그 무렵 발해의 영토는 이미 고구려 때보다도 넓어져서 외적이 상경성까지 쳐들어올 걱정은 하지 않아도 되었지.

　문왕은 상경성 도읍을 건설하면서 신하들에게 당나라의 도읍 장안성을 연구하여 그에 버금가는 도읍을 만들라고 했어. 그 결과 상경성은 장안과 마찬가지로 평지에 네모반듯하게 성을 쌓고 그 안에는 바둑판처럼 길을 만든 계획 도시가 되었어.

　성의 북쪽에는 왕과 왕족이 머무는 궁성을 두었고, 그 앞에는 관청이 들어선 황성을 두었어. 또 황성 문에서 남쪽으로 시원하게 뻗은 큰길도 냈단다.

발해 영광탑 중국의 조선족 자치현인 장백현에 있는 탑으로, 중국 사람이 영광탑이라는 이름을 붙였으나 나중에 발해 유적이라는 것이 밝혀졌다. 문화와 문물이 한껏 발달했던 전성기의 발해 모습이 배어 나온다.

발해 사람들의 생활

발해 상경성 유적에서는 발해 사람들의 일상생활을 짐작할 수 있게 하는 많은 유물이 출토되었다. 이를 통해 우리는 발해가 수준 높은 예술을 즐겼으며, 불교를 널리 믿었음을 알 수 있다.

철제 문고리

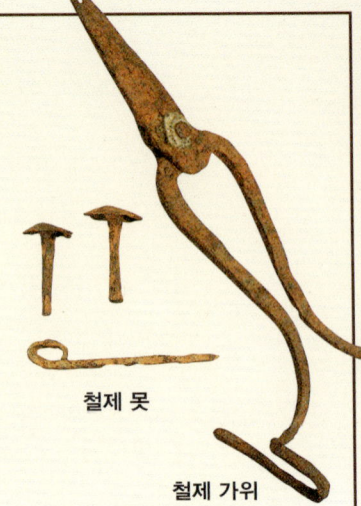

철제 못

철제 가위

구름 모양 자배기 구름 모양을 본떠 만든 그릇이다. 항아리 뚜껑보다 약간 높고 바닥이 넓은 그릇을 자배기라 하는데, 채소를 절이거나 곡식을 담가 놓을 때 썼다.

시루와 항아리

석등 높이 6미터가 넘는 거대한 석등으로, 상경성 절터에 우뚝 서 있다.

연꽃무늬 수막새 발해에서도 불교를 널리 믿어 기와에 연꽃무늬를 많이 새겨 넣었다. 하트 모양의 연꽃 문양이 특징적이다.

돌사자상 발해의 도읍 상경성을 지키던 한 쌍의 돌사자상인데, 머리 부분만 남았다.

도깨비 기와 두 눈을 부릅뜨고 이빨을 드러낸 모습은 무서운 느낌을 주지만, 입을 쩍 벌린 채 긴 혀를 내밀고 있어 익살스럽기도 하다. 악귀를 쫓을 목적으로 만든 기와로 보인다.

상경성 복원도

도로 이름도 장안성과 똑같이 주작대로라고 붙였어. 주작대로란 동서남북을 지키는 사신(청룡·백호·주작·현무) 가운데 남쪽을 지키는 주작의 이름을 따서 붙인 거란다. 곧 남쪽으로 뚫린 큰 도로라는 뜻이야. 나머지 구역에는 11개 도로가 바둑판 모양으로 놓이고 일반 가옥, 시장, 절 들이 자리를 잡았지.

문왕은 더 큰 도읍을 세울 욕심이 나서 상경에서 다시 동경으로 도읍을 옮기기도 했어. 하지만 상경만 한 도읍지가 없다는 것을 깨닫고 다시 상경으로 돌아왔지. 그 대신 상경 말고도 4경을 더 두어 전국에 5경을 두는 체제를 만들었어. 오늘날 우리나라에 서울특별시와 6개 광역시가 있는 것처럼, 상경은 서울이고 4경은 각 지방의 대도시였던 셈이지.

상경은 이후 발해가 멸망할 때까지 약 160년 동안 해동성국 발해의 도읍으로서 주변 나라들과 활발하게 교류를 하는 등 동북아시아의 중심 도시 역할을 했단다.

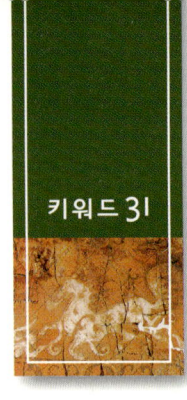

키워드 31 | 발해 5도

세계로 뻗어 나간 발해의 고속도로

강대국으로 성장한 발해는 주변 나라들과 활발하게 교류하면서 문물을 주고받았어. 이를 위해 도읍 상경을 중심으로 거미줄처럼 사방으로 뻗어 나가는 길을 만들었단다. 그 가운데 나라에서 중요하게 여기는 5개의 도로가 있었어. 오늘날의 고속도로와 같은 것이었지.

【 당나라의 선진 문물이 오고 간 조공 길 】

발해가 만든 5개의 길 가운데 가장 중요한 길은 당나라와 통하는 2개의 길이었어. 그 무렵 당나라는 동아시아 문화의 중심지여서, 주변 모든 나라들이 당나라와 교류하며 발달한 문물을 받아들였지.

주변 나라들은 당나라와 교류할 때 사신을 보내 예물을 바쳤어. 이것을 조공이라고 해. 조공을 받은 당나라는 답례로 최신 지식이 담긴 책이나 값비싼 비단 따위를 선물로 내려 주었지. 당시 당나라와 주변 나라들 사이의 국제 관계는 모두 이러한 조공 관계로 이루어져 있었어.

발해에서 당나라로 가는 길은 하나는 육지를 통해서, 다른 하나는 바다를 건너서 가는 길이었어. 육지 길은 도읍 상경을 출발해서 장령부를 지나 당나라의 영주를 거쳐 도읍 장안으로 이어졌어. 그래서 이 길을 '영주 길'이라고 불렀어. 일찍이 대조영이 개척한 가장 오래된 길이지.

바닷길은 상경에서 서경을 지나 압록강 하구에서 배를 타고 산동반도를 건너간 뒤 장안으로 들어갔어. 산동반도의 항구 등주에는 바다를 건너온 발해 사신들이 묵을 발해관이 세워져 있었지. '조공 길'이라고 부른 이 길은

바다를 건너는 만큼 위험이 따르지만 육지 길보다 빠르다는 이점이 있었어. 발해 무왕이 당나라를 공격할 때도 이 길을 이용했지.

　발해의 사신들은 영주 길과 조공 길을 통해 발해 특산물인 담비 가죽과 말 등을 실어 나르고, 그 대가로 당나라의 책·도자기·비단 등 발달한 문물을 발해로 들여왔단다.

【 같은 민족으로서 우호 관계를 맺은 신라 】

발해는 같은 민족인 신라와의 교류도 중요하게 여겼어. 그래서 신라로 통하는 '신라 길'을 닦았지.

신라 길은 상경에서 동경을 거쳐 남경으로 내려간 뒤 국경 도시인 천정군에 이르렀어. 특히 동경에서 천정군까지 가는 길에는 30리마다 39개의 역을 두어 말을 갈아탈 수 있게 했대. 신라와의 국경을 넘은 발해 사신들은 동해안 길을 따라 신라의 도읍 경주에 이르렀어.

사실 발해와 신라는 처음에는 사이가 좋지 않았어. 발해 무왕이 당나라를 공격할 때 신라가 당나라를 도와 발해를 공격하려고도 했지. 신라군은 추위 때문에 별다른 힘도 쓰지 못하고 물러가고 말았지만, 그 뒤로 발해는 신라를 적국으로 대했어.

발해에서 발견된 신라 불상
발해의 영토였던 연해주에서 발견된 석불상. 발해의 다른 불상들과는 달리 부드러운 미소를 띠고 있는 것으로 보아 신라의 불상으로 추정되며, 발해가 신라와 교류했다는 증거로 보인다.

하지만 무왕의 뒤를 이은 문왕은 전쟁 시대를 끝내고 주변 나라들과 외교 관계를 맺어 나가는 평화 시대를 열었어. 이때 신라에 사신을 보내 적대 관계를 끝내고 서로 친하게 지내기로 한 거야. 그래서 신라 길도 만들고, 때에 따라 이 길을 통해 두 나라 사신들이 오고 가며 화목하게 지냈어.

【 험한 동해 건너 일본과 교류하다 】

발해가 중요하게 여긴 또 하나의 길은 '일본 길'이었어. 발해 사신들은 동경에서 동해로 나가 배를 타고 일본의 후쿠라 항구에 이르렀어. 그리고 도읍인 헤이조쿄로 들어갔지. 당시 동해를 건너는 일은 쉽지 않았어. 중간에 풍랑을 만나 배가 뒤집혀 많은 이들이 죽기도 했거든.

발해가 험한 바닷길의 위험을 무릅쓰고 일본과 교류하려고 한 것은 자신이 고구려를 이어받은 동아시아의 강대국이라는 자부심이 있었기 때문이야. 실제로 일본에 간 발해 사신들은 일본 사람들에게 자신들이 고구려의 후손임을 당당하게 말하기도 했지.

발해는 일본에 발해의 특산물인 호랑이 가죽과 담비 가죽, 그리고 인삼과 녹용 등 약재를 전해 주었어. 물건뿐만 아니라 발해의 아름다운 음악과

포시에트 항과 일본 화폐 포시에트 항은 연해주의 블라디보스토크 남서쪽으로 280킬로미터쯤 떨어진 곳에 있는 항구로, 발해에서 일본으로 가는 배가 출항했던 곳이다. 상경성에서는 일본 화폐도 발굴되었는데, 일본 길을 통해 들어온 것으로 짐작된다.

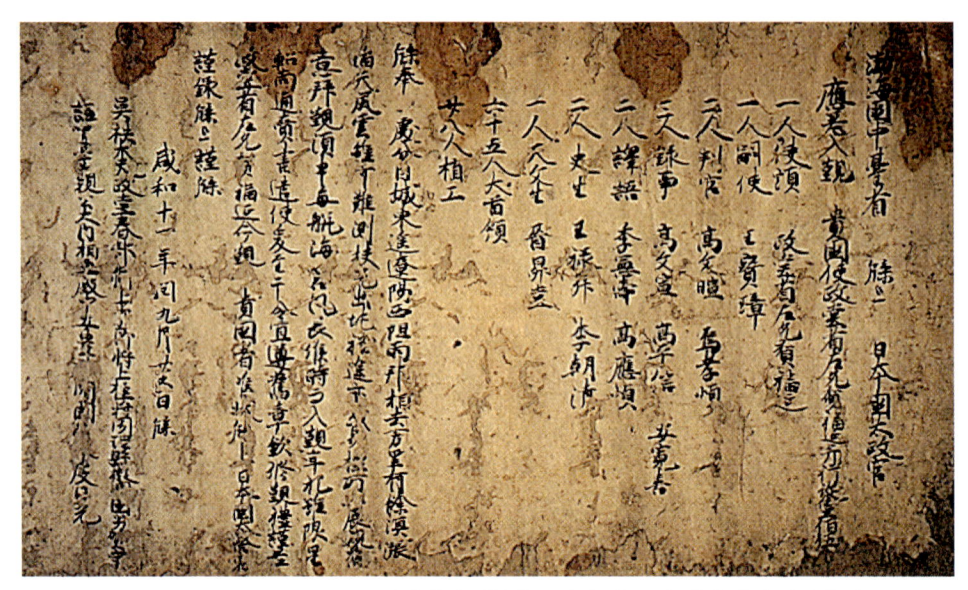

발해에서 일본에 보낸 문서(위)와 발해 사신 관련 목간(아래)
발해는 일본에 34차례나 사신을 파견하여 서로 문물을
교류했다. 일본에는 이들 발해 사신이 가져온 문서와
목간이 보관되어 있다.

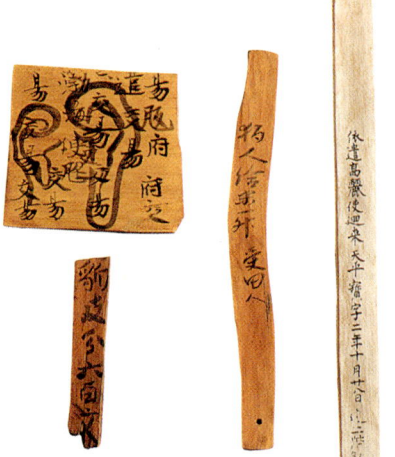

악기도 전해 주었지. 귀한 선물을 받은 일본 사람들은 발해 사신들을 크게 대접하며 성대한 잔치를 베풀어 주었다고 해.

【국제 감각을 지닌 선진국 발해】

이 밖에 발해 서쪽에 살고 있던 여러 거란족과 교류하기 위해 만든 '거란 길'이 있었어. 상경에서 서쪽으로 옛 부여 땅을 지나 국경을 넘어가는 길이야. 거란족은 발해에서 발달된 문물을 받아들여야 했기 때문에 이 길을 매우 소중하게 여겼지.

발해에는 5개의 길 말고 '담비 길'도 있었어. 발해의 북쪽으로 뻗어 있는 이 길은 주변 유목 민족들과 담비 가죽을 거래하기 위해 생긴 길이야. 담비

노보고르데예프카 성터와 소그드 은화 연해주의 노보고르데예프카에서 발해 유적으로 보이는 성터가 발견되었는데, 이곳에서 발굴된 유물 중에는 소그드의 은화도 있었다. 소그드는 오늘날 우즈베키스탄의 사마르칸트 시를 중심으로 비단길 무역을 중개하던 상업 국가였다. 이를 통해 발해가 멀리 중앙아시아의 나라들과도 활발하게 교역했다는 사실을 확인할 수 있다.

 가죽은 발해의 특산물 가운데서도 가장 인기가 많았거든. 멀리 중앙아시아에서도 담비 가죽을 사러 담비 길을 따라 발해까지 오고 갔던 흔적이 남아 있단다.

 이렇게 발해가 닦은 고속도로들을 보면, 발해는 주변 나라들은 물론 멀리 중앙아시아의 나라들에 이르기까지 국제적으로 외교 관계를 맺고 교역을 활발하게 펼친 나라였다는 사실을 알 수 있어. 땅만 넓은 것이 아니라 마음도 세계를 품을 만큼 넓었던 거지.

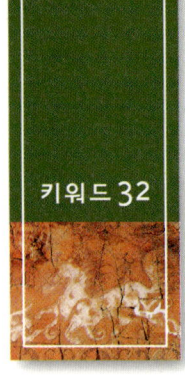

키워드 32　**야율아보기**

발해의 멸망

230여 년 동안 번성하던 발해는 새로이 일어난 거란족의 야율아보기에게 멸망하고 말았어. 강대국 발해가 어떻게 거란족에게 쉽게 무너질 수 있었는지는 기록된 자료가 없기 때문에 아직까지 수수께끼로 남아 있단다. 동북아시아의 강대국이었던 발해를 하루아침에 멸망시킨 거란족은 과연 어떤 민족일까?

【알 수 없는 발해의 최후】

마지막 왕 대인선이 다스리던 발해는 926년에 야율아보기가 이끄는 거란족의 침입을 받고 힘없이 무너지고 말았어.

그런데 당시 발해 상경성에서 무슨 일이 일어났는지에 관해서는 기록으로 남은 게 전혀 없단다. 다만 거란족의 역사책에 "발해 내부에서 다툼이 있어 싸우지 않고도 점령할 수 있었다."고 쓰여 있을 뿐이야. 발해 왕실 안에서 어떤 문제로 다툼이 있었는지 지금으로서는 알 수가 없단다. 하지만 주변 정세가 발해에 몹시 불리하게 돌아갔던 것만은 사실이야.

900년대에 들어와서 당나라와 신라가 멸망하는 등 발해 주변의 정세가 크게 흔들렸어. 당나라는 동아시아는 물론 전 세계에서 따라갈 나라가 없는 강대국이었지만, 860년 무렵부터 기울기 시작했어. 곳곳에서 반란이 일어나도 당나라 왕조는 그것을 다스릴 힘이 없었지. 그러다가 마침내 반란의 무리 가운데 한 사람이었던 주전충에 의해 907년에 왕조가 멸망하고 말았어.

당나라가 멸망한 뒤 중국 땅에는 여러 작은 나라들이 일어났어. 하지만 그 어떤 나라도 당나라처럼 강력한 힘을 갖지는 못했지. 중국에서는 이처럼 통일 왕조가 무너지고 작은 나라들로 나누어질 때마다 북방의 유목 민족들이 크게 일어나 중국 대륙을 차지하려 들곤 했어.

【 거란의 시조 야율아보기 】

당나라가 멸망할 무렵에 등장한 북방 유목 민족은 거란이었어. 거란족은 5세기 무렵부터 요하 상류에 근거지를 두고 마을을 이루며 살고 있었지. 그런데 당나라가 멸망할 때쯤 야율 부족의 우두머리인 아보기가 다른 부족들을 하나로 묶어 큰 세력으로 키우기 시작했어. 이윽고 당나라가 멸망하고 중국 대륙의 주인이 없어지자, 야율아보기는 통일된 거란족을 이끌고 주변 땅을 점령해 나갔지.

야율아보기가 노린 땅은 당나라가 차지하고 있던 중국 대륙이었어. 그런데 중국 대륙으로 향하던 야율아보기에게 걱정이 하나 있었어. 거란의 뒤에 있는 발해가 혹시 뒤통수를 치지 않을까 하는 것이었지. 그래서 야율아보기는 먼저 발해를 쳐서 무릎을 꿇린 뒤에 중국 대륙으로 향하기로 했어.

야율아보기가 이끄는 거란군이 발해의 상경성으로 공격해 들

말을 끄는 거란 사람과 가죽 주머니 모양 항아리
거란족은 북방 유목 민족이어서 말을 잘 다루었다. 이들은 또 물이나 술을 담아 두는 가죽 주머니를 늘 말에 싣고 다녔다.

어갔을 때, 이미 발해는 외적과 맞붙어 싸울 수 없을 정도로 약해져 있었어.

여기에는 발해가 안고 있던 약점이 크게 작용했을 거야. 발해는 고구려가 망한 뒤 고구려 사람들이 일으킨 나라야. 하지만 백성들 중에는 말갈족이 많았어. 말하자면 지배층은 주로 고구려 사람들이고, 나머지 백성들은 주로 말갈족이었던 거지. 그러니 지배층 안에서 다툼이 일어나 혼란스러워지자 말갈족 백성들도 뿔뿔이 흩어졌겠지. 그 결과 발해는 거란족에게 별다른 저항도 못한 채 무너지고 만 거고.

【고려로 간 발해 사람들】

발해가 위험에 빠졌을 때 같은 민족인 신라가 도와줄 수는 없었을까?

안타깝게도 신라는 그럴 만한 여유가 없었어. 그 무렵에는 신라도 전국 곳곳에서 농민들이 반란을 일으켜 나라가 사실상 마비된 지 오래였어. 900년대에 들어서자 지방 세력이 각기 후백제와 후고구려를 세워 후삼국 시대가 되어 버렸지. 918년에는 왕건이 고려를 세웠고, 대세는 그에게 기울고 있었어. 신라는 이런 상황에 처해 있었기 때문에 발해는 안중에도 없었던 거야.

발해를 무너뜨린 거란은 군대를 중국으로 돌려 중국 대륙을 차지해 나갔어. 이후 약 200년 동안 거란은 아시아의 동쪽 끝에서 멀리 서역까지 넓은 땅을 차지한 강대국이 되었어. 당나라에 이어 등장한 송나라도 중국 대륙의 남쪽

거란의 쌍탑 중국 요령성 북령시 동북쪽에 있는 13층 탑으로, 거란족이 요나라를 세우고 번성하던 시기에 세운 것이다.

절반만 차지하고는 거란에 조공을 바치는 신세가 되고 말았지.

　발해가 멸망한 뒤 발해 사람들은 거란의 지배를 받으며 살았지만 발해를 다시 일으키려는 희망을 버리지 않았어. 멸망 직후에는 왕족들이 서경 압록부에서 후발해를 일으켰고, 뒤이어 발해 귀족 출신들이 정안국이라는 나라를 세우기도 했어. 이 같은 발해 부흥 운동은 200년이나 이어졌단다.

　한편 신라가 망하고 고려가 들어서자 왕족을 비롯해 많은 발해 사람들이 고려로 옮겨 갔어. 고려가 고구려를 계승한 나라였고 발해 또한 고구려 사람들이 세운 나라였으니, 발해 사람들은 고려를 고향으로 여겼던 것이지.

키워드＋ 남북국 시대

통일 신라 시대에서 남북국 시대로

고구려·백제·신라 삼국은 신라에 의해 통일되었어. 그래서 그 이후 시대를 통일 신라 시대라고 했지. 하지만 요즘 국사 교과서에는 통일 신라 시대가 아닌 남북국 시대라고 되어 있어. 백제와 고구려가 멸망한 뒤 남쪽 땅은 신라가, 북쪽 땅은 발해가 차지했으므로 남북국이라고 해야 한다는 것이지.

그런데 왜 진작부터 남북국 시대라 하지 않고 통일 신라 시대라고 했을까? 그것을 알기 위해서는 고려 시대로 거슬러 올라가야 해.

고려 시대 중반인 1145년, 김부식이 『삼국사기』라는 역사책을 펴냈어. 『삼국사기』는 고려 시대 이전의 역사를 기록한 책으로, 제목에서도 알 수 있듯이 고구려·백제·신라 삼국의 역사를 담고 있지. 그런데 이 책은 신라가 삼국을 통일했다고 쓰고는 발해에 대해서는 단 한 마디도 기록하지 않았단다.

그 이유는 김부식이 신라 출신 사람으로서 신라를 중심으로 역사를 보았기 때문이야. 신라가 삼국을 통일함으로써 우리 민족의 역사가 비로소 하나의 흐름으로 합쳐졌다는 거지. 김부식에게는 발해가 우리 민족의 나라가 아니었던 거야.

그렇지만 김부식의 이러한 생각이 곧 고려의 정책이었던 건 아니야. 고려를 건국한 왕건은 고려가 고구려를 이어받은 나라라고 분명하게 밝혔어. 그래서 나라 이름도 고려라고 한 거지.

그런데 고구려가 멸망한 뒤 고구려 사람들이 세운 나라가 바로 발해였어. 물론 발해의 백성들 중에는 말갈족도 많았지만, 나라를 이끈 사람들은 분명히 고구려 사람들이었지. 그러니 발해의 역사는 곧 우리 민족의 역사에 포함되어야 하는 거란다.

그런데도 김부식이 『삼국사기』를 쓴 이후 몇백 년 동안 모두 김부식을 따라 통일 신라 시대라고 불러 왔어. 그러다가 200년 전 무렵부터 김부식이 잘못되었다고 주장하는 사람들이 나오기 시작했어. 또한 발해 역사를 연구하는 사람들도 많아졌지. 그 결과 이제는 그 시대를 남북국 시대라고 부르게 된 거야.

그런데 우리의 남북국 시대라는 표현에 대해 이웃 나라 중국은 예민하게 반응하고 있어. 오늘날 중국 영토 안에서 일어났던 일들은 모두 중국 역사에 속한다는 거야. 옛 발해 땅이 지금은 대부분 중국 영토이니까, 발해 역사는 중국 역사의 일부분이라는 주장이지.

하지만 중국의 주장은 옳지 않아. 현재의 중국 국경선이 만들어진 것은 몇십 년밖에 되지 않아. 국경선이 지금과 달랐던 시대에 일어난 일을 모두 현재의 국경선을 기준으로 나누는 것은 합리적이지 않지.

중국은 그러한 약점을 보완하기 위해 발해가 당나라에 속한 지방 정부였다고 주장하고 있어. 발해가 당나라에 조공을 바쳤기 때문이라는 거야. 그렇지만 당시 당나라에 조공을 바친 나라들은 오히려 모두 독립된 국가들이었어. 지방 정부라면 더더욱 조공을 바칠 이유가 없지.

또 당나라에서 실시한 빈공과에 발해 사람이 합격한 사실도 당나라에게는 발해가 외국이었다는 점을 증명해 주지. 빈공과는 당나라에서 외국 유학생들을 대상으로 실시한 과거 시험이었거든. 만약 발해가 당나라에 속한 지방 정부였다면 발해 사람들이 빈공과를 볼 필요가 없지 않았겠니?

사실 발해의 역사가 누구 것이냐고 다투는 것은 우스운 일이야. 중국은 아마도 발해의 역사를 차지하는 쪽이 곧 옛 발해 땅을 차지해야 한다고 생각하는지도 몰라. 그렇지만 우리가 옛 발해 땅을 되찾아야 한다고 생각하지 않는다는 것을 중국이 이해한다면, 이런 쓸데없는 역사 다툼은 곧 없어질 거야.

〔9세기의 신라와 발해〕

연표

신라

기원전 57년 박혁거세가 서라벌에서 신라를 세웠다.

57년 유리 이사금이 죽고 석탈해가 왕위에 올랐다.

65년 김알지가 계림에서 탄생하였다.

102년 파사 이사금이 음즙벌국(안강)·실직곡국(삼척)·압독국(경산)을 병합하였다.

262년 김알지의 7대 손자 미추가 왕위에 올랐다.

356년 마립간이라는 왕의 칭호를 처음 사용하였고, 내물 마립간 때부터 김씨가 왕위를 세습하였다.

418년 박제상이 고구려에 볼모로 잡혀가 있던 복호 왕자를 구출했다.

502년 지증왕이 신라에서 처음으로 소를 이용한 농사법을 실시하였다.

503년 지증왕이 나라 이름을 '신라'로 바꾸고, 임금 호칭을 '왕'으로 정하였다.

512년 지증왕이 이사부를 시켜 우산국을 점령하였다.

520년 법흥왕이 율령을 반포하고 관리의 복식을 정하였다.

527년 이차돈이 순교한 뒤 법흥왕이 불교를 공인하였다.

545년 거칠부가 신라의 역사책 『국사』를 편찬하였다.

553년 진흥왕이 한강 하류 지역을 기습 점령하여 장악하였다.

648년 선덕 여왕이 김춘추를 파견해 당나라와 동맹을 맺게 하였다.

660년 나·당 연합군으로 백제를 멸망시켰다.

668년 나·당 연합군으로 고구려를 멸망시켰다.

670년 당나라와 동맹을 깨고 전쟁을 시작하였다.

676년 7년 전쟁 끝에 당나라를 몰아내고 삼국 통일을 이룩하였다.

가야

42년 김수로가 가락국(금관가야)을 세웠다.

48년 아유타국의 공주 허황옥이 가락국에 와서 김수로왕과 혼인하였다.

108년 비지국(창녕)·다벌국(합천)·초팔국(초계)이 신라에 병합되었다.

199년 김수로왕이 죽고 2대 거등왕이 즉위하였다.

201년 신라에 사신을 보내 화친을 청하였다.

212년 신라에 왕자를 볼모로 보냈다.

209년 보라국·고자국·사물국 등 포상 8국의 침입을 받아 신라에 구원을 요청하였다.

231년 감문국(김천)이 신라에 항복하였다.

236년 골벌국(영천)이 신라에 항복하였다.

400년 백제·왜와 삼국 연합군을 형성하여 신라로 쳐들어가자 고구려의 5만 병력이 신라를 도와 공격해 왔다.

452년 질지왕이 허왕후의 명복을 빌기 위해 김수로왕과 허왕후가 혼례를 치렀던 곳에 왕후사를 세웠다.

532년 금관가야가 신라에 항복하였다.

551년 가야금을 만든 우륵이 신라로 망명하였다.

562년 대가야가 신라에 멸망하였다.

통일 신라

682년 신문왕이 인재를 기르기 위해 국학을 세웠다. 왜를 물리치기 위해 문무 대왕 때 짓기 시작한 감은사를 완공했다.

685년 신문왕이 전국을 9주로 나누고 5소경을 두었다.

727년 승려 혜초가 인도의 5천축국을 여행한 뒤 『왕오천축국전』을 썼다.

733년 당나라의 요청으로 발해를 공격하려 출동하였으나 추위 때문에 후퇴하였다.

751년 불국사와 석굴암을 창건하였다.

771년 성덕 대왕 신종을 만들었다.

780년 혜공왕이 살해당하고, 반란의 주동자 김양상이 선덕왕으로 즉위하였다.

788년 원성왕이 새로운 관리 선발 제도인 독서삼품과를 설치하였다.

822년 김헌창이 웅주(공주)에서 반란을 일으켜 새 나라 장안을 세웠으나 한 달 만에 진압당하였다.

828년 장보고가 완도에 청해진을 설치하였다.

834년 흥덕왕이 골품 제도를 강화하기 위해 골품별로 복색 제도를 고치고 백성들에게 사치를 금하게 하였다.

846년 장보고가 반란 혐의를 받고 죽임을 당하였다.

889년 농민 원종과 애노가 봉기를 일으켰다.

894년 최치원이 진성 여왕에게 시무 10조를 올렸다.

900년 견훤이 완산주(전주)에서 후백제를 세웠다.

901년 궁예가 송악(개성)에서 후고구려를 세웠다.

918년 왕건이 송악에서 고려를 세웠다.

927년 견훤이 경주를 공격하여 경애왕을 살해하였다.

935년 경순왕이 고려에 항복하였다.

발해

698년 대조영이 동모산 기슭에서 발해를 세웠다.

719년 대조영이 죽고 맏아들 대무예가 무왕으로 즉위하였다.

721년 신라에 사신을 파견하였다.

726년 무왕이 흑수말갈을 공격하였다.

727년 무왕이 처음으로 일본에 사신을 파견하였다.

728년 일본이 처음으로 발해에 사신을 보내 왔다.

732년 무왕이 장수 장문휴를 보내 당나라의 등주성을 공격하게 하였다.

737년 문왕이 즉위하여 당나라와 외교 관계를 회복하였다.

755년 문왕이 상경 용천부로 도읍을 옮겼다.

793년 문왕의 넷째 딸 정효 공주의 무덤을 만들었다. 정효 공주 무덤 벽화와 묘비가 전해진다.

818년 10대 선왕이 즉위하여 전성기를 이루었다. 이후 당나라가 '해동성국'으로 불렀다.

828년 일본이 발해 사신과 사사로이 교역하는 것을 금지시켰으나, 그 뒤로 30여 차례 교역을 하였다.

872년 발해 사람 오소도가 당나라의 과거 시험인 빈공과에 급제하였다.

897년 당나라에 사신으로 갔던 왕자 대봉예가 신라보다 윗자리에 앉기를 요구했으나 당나라가 허락하지 않았다.

926년 거란의 시조 야율아보기에게 멸망당하였다.

찾아보기

ㄱ

가야국 70, 74, 75
가야금 86, 87
가야 금관 78
가야 문화 80
가야 병사 81, 85
가야 연맹 68, 76, 78, 88
가야 철기 83
가야 토기 80~82
감은사지 3층 석탑 107
개로왕 38
거란 183~185
거란 길 177, 180
거란족 180, 182~184
거서간 17
거칠부 38
건국 신화 12, 66, 76
검모잠 97
견훤 150, 151
경덕왕 124, 126~129
경순왕 150~153
경애왕 151
계림 15, 16

계림 도독부 98
계백 62
고구려 부흥 운동 97
고려 152, 153, 184, 185
골품 제도 46~48
관산성 40, 41
광개토 대왕 22, 23, 36, 41, 75, 90
9서당 109
9주 5소경 109
구지봉 66, 67, 69
『국사』 38
국학 108
궁남지 101
궁예 150, 151
금관 22, 25, 26, 28, 29
금관총 19, 23, 104
금관가야 67, 70~72, 74~76, 78, 79
금성 18, 23, 108
기벌포 전투 58
김경신 134
김대성 124~126, 128~130
김부식 93, 186, 187
김서현 60
김수로왕 66~70, 76

김알지 12, 15, 17, 25, 26
김우징 141
김유신 51, 55, 60~63, 96, 106
김주원 134, 135
김춘추 51, 54~56, 58, 62
김해 70~72
김헌창 132, 134, 135, 140, 141
김헌창의 난 132
김흠돌 107, 108

ㄴ

나·당 동맹 55, 58, 59
나·당 연합군 58, 62, 97, 156
나·당 전쟁 98, 161
나정 12, 13
나·제 동맹 38, 40
나·제 연합군 38
낙랑군 71, 75
남북국 시대 186, 187
남해왕 13, 15, 17
내물왕 17, 23, 25
뇌질청예 76

눌지왕 22, 24, 124

ㄷ

다보탑 127, 128
담비 길 177, 180
대가야 41, 43, 75~78
대무예 162
대문예 162~164
대방군 71
대야성 54, 61
대인선 182
대조영 156~162, 166, 172
대흠무 166
덕주 공주 152, 153
덩이쇠 73
도침 96
돌궐 157, 161
동경 166, 178
동모산 158, 159, 172
등주성 164

ㅁ

마립간 17
마의 태자 150~153

만파식적 106~108
말갈 162
말갈족 157~159, 162, 165, 184, 186
매소성 전투 58, 99
무왕 162~165, 177, 178
문무 대왕 60, 96~101, 104, 106, 108
문무 대왕릉 98, 99
문성왕 141
문왕 166~170, 172, 173, 175, 178
미늘 갑옷 83
미추 15
밀교 120, 121, 123

ㅂ

박제상 24
박혁거세 12, 13, 15~17, 25, 47, 67
발해관 176
발해 문화 160
발해 부흥 운동 185
발해 5도 176, 177
발해의 3성 6부 167

발해의 5경 15부 170
백운교 126, 127
백제 부흥 운동 97
법화원 140
법흥왕 30, 31, 33~35, 47, 56, 78, 110, 124
보장왕 97, 156
복신 96
복호 22~24
부여융 97
부여풍 96
분황사 석탑 49
불교 30, 33, 35, 110~113, 127, 168
불국사 124~130
빈공과 171, 187

ㅅ

사국 시대 66, 92, 93
사다함 42~44
사로국 12, 16, 30
사비성 54, 55, 58, 62, 101
『삼국사기』 93, 104, 186, 187
『삼국유사』 93

삼국 통일 42, 51, 54, 56, 58~60, 62, 63, 96, 98~100
상경 166, 173, 175, 176, 178, 180
상경성 167, 168, 173~175, 179, 182, 183
상경 용천부 170~173
석가탑 127, 128
석굴암 125~127, 130, 131
석탈해 12, 14~17, 25
선덕 여왕 49~51, 52~54, 58, 62, 146
선덕왕 133, 134
선왕 170, 171
설인귀 98, 99
설총 114~117
성골 46, 48, 51
성덕 대왕 신종 127, 129
성덕왕 128, 129
성산자산 158, 159
성왕 37, 38, 40, 41, 54
세속 5계 44, 45, 110
소정방 55, 62
시무 10조 144, 145
신라관 140
신라 길 177, 178

신무왕 141
신문왕 106, 107, 109
10정 109
실직곡국 20

ㅇ

아신왕 22, 75
안동 도호부 98, 99, 156
안승 97
안압지 100~104
애노 146, 148~150
애장왕 134
야율아보기 182, 183
여창 40
연개소문 54, 56
연맹 왕국 30, 47, 68, 78
영주 길 176, 177
온돌 160
온조 16
왕건 151~153, 184, 186
『왕오천축국전』 120, 121, 123
요나라 184
요석 공주 116
우륵 86, 87
우산국 30

웅주 132, 135
웅진 도독부 59, 98, 99
원광 44, 110
원성왕 128, 129, 133, 134
원종 146, 148~150
원종과 애노의 난 146
원효 110~113, 115, 116
월명사 119
유리왕 15, 17
6두품 46~48, 142
윤충 54
율령 30, 31, 33, 35, 41, 47
음즙벌국 20
의상 111
의자왕 54, 96
이두 114, 117, 118
이사금 17
이사부 30, 36, 37, 41~43, 78
이진아시왕 76
이차돈 30, 33~35
이차돈 순교비 34
이해고 159
일본 길 177~179
『일본서기』 88, 91, 104
일연 93

임나일본부 88, 89, 91

ㅈ

장보고 136~141
장수왕 36
정강왕 146
정안국 185
정효 공주 169
「제망매가」 119
조공 길 176, 177
지증왕 17, 30, 31
진골 46, 48, 51, 60
진덕 여왕 133, 146
진성 여왕 145, 146, 148
진평왕 46, 48
진흥왕 36~44, 54, 56, 78, 87

ㅊ

차차웅 17
「찬기파랑가」 118
천경림 34
천관녀 61
천문령 158, 159
철의 나라 86

첨성대 49, 52, 53
청운교 126, 127
청해진 136, 138, 141
최치원 142~144
충담사 119

ㅌ

탄금대 86, 87
태종 무열왕 51, 60, 96, 109, 116, 133, 134
토번 157
「토황소격문」 143

ㅍ

파사 석탑 69
판갑옷 83, 84
평양성 54, 58, 63, 97, 101, 156
포석정 151

ㅎ

해동성국 166, 170, 175
향가 118
향찰 118

허황옥 68, 69
헌덕왕 134
혜공왕 128, 129, 133, 134, 150
혜초 120~123
화랑 43~45, 61, 110, 118
화랑도 42~45
황금의 나라 22, 26
황남대총 19, 26, 29, 104
황룡사 9층 목탑 50, 53
황소 143
후고구려 151
후발해 185
후백제 151
후삼국 시대 151, 184
흑수말갈 162, 163
흑치상지 96
흥덕왕 137

사진·그림
제공 및 출처

❈ 사진 자료에 도움을 준 기관

경상대학교박물관	투구 84
경성대학교박물관	청동솥 70, U자형 쇠삽날 77
경주 시청	불국사 125
국립경주박물관	〔경박 200812-159〕 금관 26, 남보사 26, 금팔찌 26, 금드리개 26, 금반지 27, 금제 굽다리 접시 27, 팔뚝 가리개 32, 갑옷 32, 투구 32, 도끼·화살촉·낫 32, 투겁창 32, 말 머리 가리개 32, 이차돈 순교비 34, 임신서기석 45, 신라 문관 토용 47, 신라의 목항아리 81, 말 탄 무사 모양 토기 81, 뼈단지 98, 안압지에서 출토된 주사위 102, 짐승 얼굴 무늬 기와 103, 연꽃무늬 수막새 103, 초 심지 자르는 가위 103, 금동 옷걸이 103, 금동 문고리 장식 103, 머리빗 103, 골무 103, 찍은무늬 병 103, 금동 사발 103, 청동 숟가락 103, 옥으로 만든 목걸이 104, 벼루 115 〔경박 200812-164〕 신라의 금관 28, 세잎무늬 고리 자루 큰칼 32, 신라의 굽다리 접시 80, 자물쇠 103, 시루 103, 풍로 103
국립김해박물관	청동 거울 70, 금박 목걸이 70, 덩이쇠 73, 집게 77, 살포 77, 가야의 굽다리 접시 80, 가야의 목항아리와 그릇받침 81, 수레바퀴 모양 토기 82, 화덕 모양 토기 82, 화로 모양 토기 82, 원통 모양 그릇받침 82, 화살촉 84, 판갑옷 84, 목 가리개 84, 말 머리 가리개 84, 말 갑옷 84, 봉황무늬 고리 자루 큰칼 85, 고리 자루 큰칼 85, 투겁창 85, 깃대 장식 85, 가지창 85, 곡도와 낫 85
국립중앙박물관	〔중박 200812-532〕 말 탄 무사 모양 토기 21, 황남대총 북쪽 무덤 내부 모습 29, 방패 꾸미개와 창끝 꾸미개 71, 창고 모양 토기 82, 고구려의 기와 160 〔중박 200812-557〕 경주시 전경 19, 네 귀 달린 청동 항아리 23, 금귀걸이 26, 새 날개 모양 금관 장식 27, 금목걸이 27, 금제 허리띠와 드리개 27, 장식 보검 104, 유리그릇 104, 사리 장엄구 104, 고구려의 귀걸이 160, 고구려의 집 모양 토기 160, 발해의 연꽃무늬 수막새 174 〔중박 200904-159〕 집 모양 토기 82, 짚신 모양 토기 82
독립기념관	왕오천축국전 121
동아대학교박물관	광개토 대왕비 탁본 89
동의대학교박물관	쇠스랑 77
부산대학교박물관	망치 77, 집게 77
삼성미술관 리움	가야 금관 78, 배 모양 토기 82
서울대학교박물관	고구려의 온돌 160, 고구려의 토기 160, 창 163, 철제 문고리 174, 철제 못 174, 철제 가위 174
신라역사과학관	석굴암의 구조 130, 십일면 관음 보살상 131
충남대학교박물관	'대왕'이라는 글자가 새겨진 목항아리 78
한국관광공사	석굴암 주실 입구 130
한국전통문화학교	발해의 집 모양 토기 160

❈ 사진 자료에 도움을 준 곳

북앤포토	경주 나정 터 13, 계림 16, 단양 신라 적성비 41, 분황사 석탑 49, 김유신 장군 동상 61, 김유신의 무덤 63, 구지봉 전경 67, 파사 석탑 69, 미륵리 절터 석불 152

엔싸이버	울진 봉평 신라비 31, 요석 공주 별궁 터 116, 신라 향가비 118, 보리섬 큰 바위 144
연합뉴스	법화원 140, 장보고 동상 140
중앙포토	북한산 신라 진흥왕 순수비 40, 문무 대왕릉 98

❈ 사진 자료에 도움을 준 책

『간다라 미술』	간다라 불상 123
『대가야 복식』	판갑옷 재현 83, 미늘 갑옷 재현 83
『동방의 빛을 따라서』	나뭇가지와 새 모양 장식 25, 황금 인간 25
『문물 중국사』	일본 화폐 179, 말을 끄는 거란 사람 183, 가죽 주머니 모양 항아리 183
『스키타이 황금』	사르마트 족의 금관 28
『정창원의 보물』	가야금 86, 신라의 붓 115
『조선 유적 유물 도감』	발해의 토기 160, 투구 163, 시루 174, 항아리 174, 상경성 복원도 175
『해동성국 발해』	발해의 기와 160, 삼채 그릇 168
『중화 문명 전진』	도깨비 기와 174, 거란의 쌍탑 184

❈ 사진 자료에 도움을 준 분

김용만	석등 174
박여선	태종 무열왕릉비 55, 다보탑 127, 석가탑 127
박진호	디지털로 복원한 황룡사 9층 목탑 50
박찬석	탄금대 86
손승현	첨성대 52, 대왕바위 97, 페르시아 무늬 돌 104, 무인상 104, 감은사지 3층 석탑 107, 성덕 대왕 신종 129, 감실 보살상과 십대 제자상 131, 포석정 151, 동모산 158~159
송기호	글자가 새겨진 금동판 160, 발해의 온돌 160, 벼루 171, 관리의 얼굴이 그려진 벼루 171, 발해 영광탑 173, 구름 모양 자배기 174, 돌사자상 174, 발해에서 발견된 신라 불상 178, 포시에트 항 179, 소그드 은화 181
송은주	일본 대마도의 하치만구 신사 91
오세윤	석탈해왕 탄강 비각 14, 안압지 101, 북천 135
이지수	수로 왕비 무덤 69
최옥미	김유신 무덤 비석 63, 청운교와 백운교 126

❈ 그림 자료에 도움을 준 분

백남원	국제 무역항 김해 72~73
이 진	가야의 철기 공방 77
이혜원	화랑 재현도 43, 가야 병사들 85

(주)사계절출판사는 이 책에 실린 모든 자료의 출처를 찾기 위해 최선을 다했습니다.
저작권자를 찾지 못해 게재 허락을 받지 못한 사진은 저작권자가 확인되는 대로 사용료를 지불하겠습니다.

키워드 한국사 2

2009년 6월 15일 1판 1쇄
2021년 5월 15일 1판 7쇄

지은이 | 김성환
그린이 | 김옥재·김진화

편집 | 최옥미·강변구
표지 디자인 | 김지선
표지 그림 | 홍선주 **표지 제목 글씨** | 김기조
본문 디자인 | FN디자인 김미경·김효경
제작 | 박흥기
마케팅 | 이병규·이민정·최다은
홍보 | 조민희·강효원

출력 | 한국커뮤니케이션
인쇄 | 코리아피앤피
제책 | 정문바인텍

펴낸이 | 강맑실
펴낸곳 | (주)사계절출판사
주소 | (우)10881 경기도 파주시 회동길 252
등록 | 제406-2003-034호
전화 | 031) 955-8588, 8558
전송 | 마케팅부 031) 955-8595 편집부 031) 955-8596
홈페이지 | www.sakyejul.net **전자우편** | skj@sakyejul.com **블로그** | skjmail.blog.me
인스타그램 | instagram.com/sakyejulkid **페이스북** | facebook.com/sakyejulkid

ⓒ 김성환 2009

값은 뒤표지에 적혀 있습니다. 잘못 만든 책은 구입하신 서점에서 바꾸어 드립니다.
사계절출판사는 성장의 의미를 생각합니다. 사계절출판사는 독자 여러분의 의견에 늘 귀 기울이고 있습니다.
이 책은 저작권법에 따라 보호받는 저작물이므로 무단전재와 무단복제를 금합니다.

ISBN 978-89-5828-372-0 74910
ISBN 978-89-5828-370-6 (세트)